EXTRAORDINÁRIOS
PESSOAS QUE VÃO ALÉM DO ÓBVIO

EDUARDO COLAMEGO

EXTRAORDINÁRIOS
PESSOAS QUE VÃO ALÉM DO ÓBVIO

Capa	Fernando Cornacchia
Coordenação	Ana Carolina Freitas
Diagramação	DPG Editora
Revisão	Edimara Lisboa e Isabel Petronilha Costa

Dados Internacionais de Catalogação na Publicação (CIP)
(Câmara Brasileira do Livro, SP, Brasil)

Colamego, Eduardo
  Extraordinários: Pessoas que vão além do óbvio/Eduardo Colamego. – Campinas, SP: Papirus 7 Mares, 2016.

ISBN 978-85-61773-88-5

1. Administração de empresas 2. Entrevistas (Seleção de pessoal) 3. Pessoas de sucesso 4. Pessoas de sucesso – Atitudes I. Título.

16-02611   CDD-650.1092

Índice para catálogo sistemático:
1. Pessoas de sucesso: Entrevistas: Administração   650.1092

1ª Reimpressão – 2017

Proibida a reprodução total ou parcial da obra de acordo com a lei 9.610/98.
Editora afiliada à Associação Brasileira dos Direitos Reprográficos (ABDR).

A grafia deste livro está atualizada segundo o Acordo Ortográfico da Língua Portuguesa adotado no Brasil a partir de 2009.

DIREITOS RESERVADOS PARA A LÍNGUA PORTUGUESA:
© M.R. Cornacchia Livraria e Editora Ltda. – Papirus 7 Mares
R. Dr. Gabriel Penteado, 253 – CEP 13041-305 – Vila João Jorge
Fone/fax: (19) 3790-1300 – Campinas – São Paulo – Brasil
E-mail: editora@papirus.com.br – www.papirus.com.br

AGRADECIMENTOS

Primeiramente, agradeço a Deus, e agradeço por todas as oportunidades que Ele me dá. Agradeço pelas mulheres que tenho em minha vida: minha mãe, Iraci; minhas irmãs, Fernanda e Victória; minha esposa, Riane; e minha filha, Luiza, que me levou a outro nível de entendimento da vida e do amor. Cada uma das mulheres da minha vida me ajuda a me fazer melhor, todas me fizeram e ainda me fazem ter pontos de vista diferentes sobre a vida. Eu seria bem menor sem elas e elas são, em muitos aspectos, responsáveis também pela realização deste projeto. Sempre tive a força de que precisava, através de uma palavra, de um olhar, de um sorriso ou até de uma bronca, sempre ouvi boas ideias e creio que viver com tantas mulheres ao meu redor me ajudou muito a ter uma capacidade de ouvir bastante aguçada, e também sou grato por isso.

Agradeço a todos os amigos que sempre me apoiaram: Augusto Júnior, amigo de ideias e ideais, Jullian Diamanti, Silvio Igor, Juliana Caetano, Thiago Oliveira, Rosangela Pereira, Conrado Adolpho, Sofia Esteves, Alessandra Silvestre e Mario Sergio Cortella. Essas são algumas das pessoas que sempre acreditaram junto comigo.

Agradeço a generosidade de todos os entrevistados. Alguns, já tinha tido o privilégio de conhecer. Todos, sem exceção, fizeram-me admirá-los ainda mais, por também confiarem no projeto e disponibilizarem tempo e relatos sobre suas trajetórias. Sou-lhes imensamente grato.

Agradeço a você, que me lê agora e que acredita no poder do aprendizado, do exemplo e da partilha. Garanto que encontrará aqui muita coisa boa, muita inspiração para seguir firme em sua jornada. Meu desejo é que você, assim como as pessoas que entrevistei e estudei, construa uma trajetória *extraordinária*!

Sumário

APRESENTAÇÃO............................ 9
INTRODUÇÃO 11

EXTRAORDINÁRIOS...
1. TÊM UM PROPÓSITO.................... 15
2. TÊM REFERÊNCIAS..................... 23
3. PERSISTEM............................ 29
4. ENXERGAM O SUCESSO
   DE FORMA DIFERENTE 35
5. BUSCAM CONHECIMENTO
   E VALORIZAM A EDUCAÇÃO 43
6. VALORIZAM A FAMÍLIA 51
7. SÃO GENEROSOS E
   COMPARTILHAM 55
8. EXERCEM LIDERANÇA.................. 59
9. SÃO INCONFORMADOS................. 63

CONCLUSÃO 67

ENTREVISTAS COM...

ALEXANDRE WON 71
BEL PESCE 76
CARLOS WIZARD MARTINS 86
CESAR ROMÃO 91
CONRADO ADOLPHO 99
EDUARDO LYRA 129
MARIO SERGIO CORTELLA 133
MURILO GUN 150
OZIRES SILVA 157
RUBEM ALVES 163
SILVIA BRANDALISE 169
SOFIA ESTEVES 178
WASHINGTON OLIVETTO 188

Apresentação

Neste livro, busquei reunir o máximo de pessoas extraordinárias de diversas áreas, com destaque em nosso país e até no mundo, para contar um pouco de suas trajetórias e dos desafios vencidos, a fim de servir de referência e estímulo para nós. Foram quase três anos de contatos e viagens, leituras intensas de biografias, até conseguir reunir as ideias que aqui estão.

Tenho de destacar que, após esse mergulho, pude admirar ainda mais essas pessoas, em virtude da humildade, do respeito e da disponibilidade que demonstraram para comigo e para com você, que agora vai conhecer um pouco mais sobre elas, viajando comigo nestas páginas.

Preciso compartilhar mais uma situação com vocês. Desde que iniciei este projeto, alguém não saiu de minha cabeça e fiquei imaginando o que fazer, pois ele é uma das pessoas que mais admiro e que representa o verdadeiro sentido do extraordinário, o sentido de seguir, determinado a alcançar objetivos. Infelizmente, ele já não está fisicamente presente em nosso mundo. Ayrton Senna não poderia faltar neste livro e, após pensar e pensar, vi que, mesmo não sendo possível entrevistá-lo, eu poderia dar a ele o lugar que merece, e ainda compartilhar aqui um de seus pensamentos mais emblemáticos, que mostra um pouco da maneira de pensar desse extraordinário brasileiro, que nos estimulava a seguir em frente, independentemente da situação.

Ayrton Senna precisava estar na apresentação deste livro, à frente, acelerando nossos corações!

> Tudo isso que eu consegui foi através de **DEDICAÇÃO, PERSEVERANÇA** e muito desejo de atingir os meus objetivos, muito desejo de vitória, vitória na vida, não vitória como piloto e a vocês todos eu digo que, seja quem você for, seja qualquer posição que você tenha na vida, do nível altíssimo ou o mais baixo social, tenha sempre como meta muita força, muita **DETERMINAÇÃO** e sempre faça tudo com muito amor e com muita fé em Deus, que um dia você chega lá. De alguma maneira, você chega lá.
>
> **(Ayrton Senna)**

Introdução

*Antes a morte do que o cansaço.
Não me sacio de servir.
Não me canso de ser útil.*
Leonardo da Vinci

As pessoas que me conhecem bem, que me acompanham no dia a dia, sabem que um de meus pilares de vida é buscar ser alguém socialmente útil. Não abro mão disso, não me canso desse propósito. Seja em meu trabalho, seja fora dele, sempre procurei me colocar à disposição para ajudar e servir.

Amo ler e acredito muito no conhecimento. Nos livros aprendi sobre diversos assuntos e pessoas, enxerguei novos horizontes, explorei-os e expandi conhecimentos e possibilidades. Sendo um leitor voraz e crente de que o livro, essa plataforma pioneira de aprendizado móvel, pode, sim, trazer conteúdos maravilhosos e transformar suas histórias em histórias novas e incríveis, carregava comigo a vontade de escrever um livro também.

Pensei e, segundo o pilar da utilidade que coloquei em minha vida, queria que o livro tivesse um conteúdo que pudesse mostrar superação, mostrar a importância de acreditar em propósitos legítimos e agregadores. Queria que fosse um conteúdo que ajudasse as pessoas a enxergar um caminho, vislumbrar um horizonte mais belo.

Trabalhando com liderança de equipes e também com seleção de pessoas para empresas, comecei a perceber que os jovens, e mesmo pessoas mais experientes, geralmente, não tinham referências profissionais nem mesmo de vida. Então, passei a prestar cada vez mais atenção a isso e até a perguntar com mais frequência sobre o assunto nas entrevistas e palestras que realizava. Percebi que, realmente, a grande maioria das pessoas não tem uma referência, nem profissional nem de vida. Concluí que precisava buscar ajudar nesse processo. Acredito que, para se atingir um alto desempenho e resultados extraordinários, é preciso saber como os melhores fazem ou faziam, como pensam, como veem suas atividades profissionais e suas vidas. Vejo isso como uma trilha muito importante, como um indicador fundamental para fazer a diferença profissional e socialmente.

Sempre acreditei que podemos aprender e crescer lendo e conhecendo pessoas extraordinárias, conhecendo suas histórias. Muitas dessas pessoas extraordinárias já viveram mais, já passaram por situações pelas quais podemos vir a passar, já enfrentaram muitos obstáculos e seguiram em frente. Gosto muito de ouvi-las, acho importante conhecer seus pontos de vista. Isso é essencial para construir respeito, identificação, amizade, conexões e parcerias. Creio sinceramente nisso; muitas pessoas me ajudaram em momentos fundamentais. Aprendi que, por mais que possamos achar que somos independentes, sozinhos não somos suficientes.

Este livro foi uma experiência maravilhosa desde o princípio, desde a busca dos entrevistados, dos contatos, das viagens, das entrevistas, dos aprendizados sensacionais. Ele se transformou em um aprendizado de nível superior. Foi como fazer mais uma faculdade. Foi verdadeiramente *extraordinário*. Espero que este livro, que fiz com muito carinho, possa inspirar você, pelos relatos, pelas entrevistas com pessoas extraordinárias, generosas e dispostas a ajudar. Que você possa ampliar seus horizontes e seus propósitos. Minha ideia não é dizer o que você precisa fazer, mas destacar alguns pontos que observei em comum em realizadores e transformadores extraordinários. Então, não é minha intenção ditar regras – Faça isso! –, mas apresentar a ideia – Pense nisso! – e, assim, poder dar minha contribuição.

Um grande e carinhoso abraço!

1 Extraordinários têm um propósito

> *Quando você é inspirado por algum grande propósito, algum projeto extraordinário, todos os seus pensamentos desfazem as amarras; sua mente transcende as limitações, sua consciência se expande em todas as direções e você se vê em um mundo novo, grandioso e maravilhoso. Forças, faculdades e talentos adormecidos ganham vida, e você descobre que é uma pessoa muito melhor do que jamais sonhou ser.*
> Patanjali

Quando olhamos para pessoas extraordinárias que realizaram coisas incríveis, vemos que todas tiveram ou têm um propósito. Brinco que as pessoas realizadoras não fazem por acaso, fazem de propósito, por um sonho intenso, unido ao intento de servir à sociedade e ajudar todos a progredir.

Propósito significa aquilo que se coloca à frente, ou seja, aquilo que está em nosso horizonte e, portanto, é possível e realizável. Joey Reiman, fundador e presidente da Bright House, diz no vídeo "Seis lições sobre propósito": "Propósito não é o que o tira da cama no meio da noite, é o que o faz sair da cama pela manhã".

Claro que, se você, no meio da noite, tiver uma ideia maravilhosa para fortalecer seu propósito, não hesite em se levantar e anotar tudo.

Faço isso. Ao meu lado, sempre tenho um bloco de anotações. Escrevo até nos azulejos do banheiro, com caneta para quadro branco.

Joey Reiman ainda diz: "Propósito é um porquê e, se você têm um porquê, você consegue qualquer o que, quem, quando e onde".

Muitas vezes, o propósito nasce de uma experiência vivida e, em um momento, você é impactado por algo que o faz se sentir impregnado por aquilo. Pode ser muito cedo ou pode ser depois de muita coisa ter acontecido.

Lembro que assisti a uma entrevista do doutor Drauzio Varella, dizendo que nunca teve dúvida de que seria médico. Esse sempre foi o propósito dele. Mas também vemos pessoas que viveram várias experiências que não as impactaram nem despertaram nelas paixão suficiente para que se tornassem o propósito de suas vidas, mesmo tendo sido experiências importantes. Em muitos casos, experiências assim fazem parte do caminho que leva a encontrar o real propósito e têm grande valor, grande utilidade para fortalecer esse propósito. Não esqueçamos que Steve Jobs fez curso de tipografia, algo que, para muitos, podia parecer inútil, uma besteira, mas que, na verdade, foi fundamental na concepção dos editores de texto, pois Jobs exigiu que fosse inserida a opção de escolha de fontes para as letras que utilizamos com simplicidade para escrever nos computadores ainda hoje. Aliás, Jobs foi obsessivo em seu propósito de levar o computador para os lares das pessoas, a fim de ser usado como instrumento criativo e facilitador. Claro que ele também teve suas falhas, seus revezes, mas seu propósito o ajudou a persistir e, renovado, trabalhou sem parar para levar às pessoas produtos úteis, intuitivos, fascinantes, artísticos e extremamente desejados.

Vejamos, agora, o propósito de uma mãe, assim como a minha, que incentiva os filhos, que busca educá-los da melhor forma:

> Meus pais sempre me diziam: "Faça por **MERECER**".
> **(Sofia Esteves)**

> Minha mãe, Maria Gorete de Brito Lira, quando eu ainda morava num barraco de favela e não tinha nenhuma possibilidade de virada social, ela olhava dentro dos meus olhos e dizia: "Não importa **DE ONDE** você vem, mas, sim, **PARA ONDE** você vai na vida".
> **(Eduardo Lyra)**

As mães têm um encanto poético em nossas vidas. Creio que esse encanto venha do ventre. É fabuloso e realmente visceral.

Minha mãe também sempre me disse que eu poderia alcançar meus propósitos. Mesmo quando eu chorava e me sentia quebrado, de joelhos quase dobrados perante as dificuldades, as incertezas e o cansaço, ela me incentivava de forma intensa, ora com afago e abraço, ora com o devido chacoalhão: "Levante essa cabeça e siga em frente".

Creio que as mães têm entre suas tarefas a de nos ajudar a realizar nossos propósitos, quase que como a mãe pássaro, que empurra os filhotes para que batam as asas e voem. Elas são uma potência em nossas vidas.

Pais não ficam de fora e também enchem nosso tanque e nos fazem avançar. Cada um a seu modo. O meu não foi presente como eu gostaria, mas, de certa forma, ele me fez crescer também.

Quando você tem um sonho e o transforma em propósito; quando vê seu sonho no horizonte, dorme e acorda com ele na cabeça e no coração, você segue com paixão, sente a necessidade de fazer algo a respeito, fazer algo prático. Segue, assim, de forma obsessiva para realizá-lo.

Dica de Washington Olivetto, um dos maiores publicitários do mundo, presidente da WMcCann, para quem deseja realizar sonhos: "Sejam obsessivos. Trabalhem obsessivamente pelos seus sonhos".

Washington Olivetto relata que conseguiu o primeiro estágio por uma coincidência de fatos. Ele estava indo para a faculdade, pela manhã, e um dos pneus de seu carro furou perto de uma agência de publicidade. Ele, sem ter muita disposição para trocar o pneu, *teve disposição* para ir até a agência e pedir um estágio ao dono, que resistiu um pouco, mas ouviu o seguinte do jovem Washington: "Tenho certeza de que vou ser bom nisso!". E, para completar, fez uma observação perspicaz: "Aproveite para me contratar, porque meu pneu não costuma furar duas vezes na mesma rua". O dono da agência gostou e o contratou na hora. *Extraordinário!*

Lembro-me de assistir ao Silvio Santos sendo entrevistado pelos jurados de seu programa no final da década de 1980, quando ele disse:

> Eu não nasci dono de televisão, eu fui dono de televisão, porque os donos de televisão fecharam as portas para mim e, então, quando se fecha uma porta, Deus abre uma janela e eu fui obrigado a ser dono de televisão, comprar 50% de ações. **EU NÃO NASCI DONO DE TELEVISÃO**, eu nasci animador de programas. Continuaria sendo animador de programas se os homens não fossem tão vaidosos, tão poderosos. Sou vaidoso da minha condição de animador, mas não quero ser um homem poderoso, não preciso ser poderoso, sou poderoso na minha **CONSCIÊNCIA**.

Veja, Silvio Santos tinha um propósito específico: ser animador, apresentador de televisão. Ele foi camelô, trabalhou em rádio e foi para a televisão. Uma soma de experiências que o *levou*, que o *despertou* para o propósito de ser um comunicador extraordinário. Ele queria ser apresentador, porém, após algum tempo em um programa na TV Globo, foi dispensado, mas continuou com seu propósito e, para torná-lo viável, comprou uma concessão de televisão. Assim nasceu o SBT, onde ele se tornou e continua a ser um dos maiores ícones da televisão. Além de criar um grande negócio, que gera milhares de empregos, ainda o levou a criar um grupo de outras empresas, que geram ainda mais empregos.

Se você anda se sentindo sem rumo, desanimado e sem perspectiva, convido-o a refletir sobre o que faz você sorrir, sobre o que realmente você gostaria de fazer. Sabe, todos temos um chamado dentro de nós, uma vocação a ser *despertada*, um propósito que muitas vezes foi ou é suprimido, anestesiado por nós mesmos, que acabamos acreditando nas vozes que dizem que é bobagem, que não vai dar certo, que não conseguiremos. É deixando que as angústias e ansiedades diárias, que o imediatismo e uma pretensa "segurança" ganhem força que nos deixamos levar. A chama queima fraquinha dentro do peito. Já se você tem um propósito, seja de construir uma carreira ou de empreender, não deixa a chama apagar, pelo contrário.

Se você aprisionou seu propósito até agora, eu o convido a alimentar sua chama, a se libertar e fazer o que precisa ser feito para realizar seu sonho. Aos bem jovens, aconselho buscar um propósito, a dedicar um tempo a si mesmos, a buscar lá no fundo o que realmente lhes fará felizes, o que realmente nasceram para ser e fazer.

Geralmente, pode-se identificar um possível propósito dando ouvidos a parentes, amigos ou às pessoas ao seu redor quando dizem que você é muito bom em algo. Perceba no que você é frequentemente solicitado a ajudar com uma solução ou uma opinião. Perceba o que desperta em você o desejo de aprender mais, o que desperta em você a curiosidade, o desejo de se expor mais, e liste possibilidades de carreira e negócios.

A maioria das pessoas gasta mais tempo fazendo listas de compras e de desejos, sem propósito algum, sem sentido algum. Listas de compras e desejos não são nada se você não sabe como realizar, se não faz ideia das *etapas que precisam ser cumpridas*. Faça, sim, uma lista de coisas que lhe fazem bem, coisas que fazem você sorrir e vibrar por inteiro, uma lista de possibilidades de carreira, de empreendimentos e, no meio desses pensamentos, haverá algo a ser despertado, algo que seja seu verdadeiro propósito. Você precisa despertar realmente. Não se deixe distrair. Hoje, o que mais temos são opções de distração, de insanidade, então, *desperte*!

Todos os extraordinários com quem conversei e cujas histórias estudei tinham e têm um porquê, um propósito definido, e trabalham devotadamente, obsessivamente, para realizá-lo.

Portanto, posso garantir que, se você tem um propósito que o faz suspirar, que coloca um sorriso em seu rosto quando pensa nele, que faz seu coração bater mais empolgado, e você trabalhar com determinação, disposição e integridade, você vai realizá-lo. Com toda certeza, vai.

Ninguém realiza coisas extraordinárias sem sentir amor pelo que faz, sem ter um propósito. O propósito é o que sustenta e, ao mesmo tempo, é sustentado, pois, por pior que sejam as adversidades ou por mais nãos que se ouçam, a crença no propósito e em tudo o que ele pode trazer de benefícios para você e as outras pessoas é uma motivação constante para seguir em frente.

Não se esqueça de ter referências profissionais e pessoais sempre. As referências são uma fonte de inspiração e aprendizado. Falaremos disso no capítulo a seguir. Fecho com uma frase que tenho sempre comigo: "Quem tem um porquê enfrenta qualquer como" (Viktor Frankl).

Importante:

- Mesmo que escolha fazer o que ama, que identifique seu propósito e siga em frente, no percurso e em vários momentos do processo que o levará à realização, você precisará cuidar de tarefas que não são tão agradáveis, mas que são fundamentais para a concretização do propósito. A melhor parte deve ser a maior parte, porém, em alguns momentos, você precisará fazer com total dedicação e entrega partes não tão legais, mas que vão valer a pena no final.

2 Extraordinários têm referências

> *Daqui a cinco anos, você estará bem próximo de ser a mesma pessoa que é hoje, exceto por duas coisas: os livros que ler e as pessoas de quem se aproximar.*
> Charles Jones

O que é uma referência?

Referência é algo ou alguém que serve como indicador de *qualidade e ou autoridade*. Por isso, ouvimos algumas vezes dizerem sobre um hospital que é referência em algum tipo de tratamento e, do mesmo modo, ouvimos falar que um profissional é referência em sua área de atuação.

Vejo alguém que é referência como um mentor que pode me auxiliar com minhas dúvidas, com observações e, claro, direções. Sempre uso a analogia de que, quando vamos a algum lugar novo, um restaurante, um ponto turístico ou qualquer outro lugar ao qual precisemos ir pela primeira vez, solicitamos um ponto de *referência*, para facilitar o percurso e a chegada.

Com os direcionamentos e dúvidas de vida e carreira não pode ser diferente. É preciso ter referências para chegar aonde se deseja, e da melhor forma possível. Já faz um bom tempo que sigo este conselho de Guimarães Rosa: "É junto dos bão que ocê fica mió".

É preciso conviver com pessoas admiráveis pessoalmente e profissionalmente. É preciso estar com pessoas e em ambientes que inspirem e estimulem o melhor em nós. Conviver com pessoas assim, estar em ambientes que nos elevem, que nos ajudem a enxergar as coisas de forma positiva, é fundamental. Essa *convivência* nos ajuda a definir atitudes poderosas e a definir caminhos que podem nos conduzir à realização de nossos propósitos. Precisamos carregar nossa mente com conhecimento, informações e exemplos. Eu leio biografias, preparo meu ambiente, cerco meus olhos com frases, fotos e propósitos, para que tenha estímulo e sempre mantenha o foco. Isso ajuda a permanecer confiante e capaz.

Busque referências positivas, leia biografias, vá a palestras e congressos, procure estar na presença de pessoas que possam encorajar você. Não falo apenas de pessoas famosas, midiáticas, pois existem muitas pessoas extraordinárias que não são "famosas" na mídia, mas que são extremamente importantes e produtivas na sociedade. Assim, você vai começar a experimentar mudanças significativas em sua forma de pensar, agir e interpretar as situações, vai criar alternativas e vislumbrar possibilidades para alcançar todos os seus propósitos.

Sozinho, ninguém é suficiente. Sempre contamos com pessoas que nos auxiliam de diversas formas, mas precisamos estar *dispostos a buscar e aprender*. Lembre-se: "É junto dos bão que ocê fica mió".

Você aumenta incrivelmente as chances de expandir sua vida e realizar seus propósitos, quando busca conhecimento, quando busca referências!

Aprendi que ter referência é uma solução, um remédio encorajador, pois, muitas vezes, quando estou um tanto resistente, sentindo até certo medo de fazer algo, busco em minhas referências essa coragem. Como? Vou explicar.

Quando penso em realizar uma nova empreitada ou tenho um problema a ser resolvido, busco colher informações, verificar exemplos entre meus mentores (referências) que me encorajem ou tragam clareza para meu raciocínio e ação.

Brinco que busco reunir o conselho consultivo, pego uma xícara de café, sento-me na poltrona da sala ou à mesa e fico pensando se algum dos mentores que tenho já passou por algo parecido, se me lembro de alguma história que possa me ajudar. Fico refletindo sobre ela, pego um bloco de anotações e começo a trabalhar os pontos de vista. E se não encontro em minha memória algo que possa me direcionar de imediato, começo um garimpo virtual pela internet, sempre perguntando a mim mesmo: "Como Gandhi agiria nessa situação? Qual seria a postura certa?".

Como disse, se a memória não me traz nenhum resultado específico, vou no buscador da internet e procuro alguma história sobre o assunto. Procuro também direcionar os assuntos de acordo com a especialidade de quem tenho como referência. Então, dou mais um exemplo, se quer saber sobre determinação e alcance de metas, você pode ir dos esportistas aos empreendedores. Vou aqui destacar alguém que tenho em minha lista, Ayrton Senna. Ele sempre teve uma postura muito determinada e teve embates não só com pilotos, como Alain Prost e Michael Schumacher, como também com a Federação Internacional de Automobilismo, sempre defendendo não só seus interesses, mas o interesse pela segurança e justiça na competição. Até hoje, Senna é considerado por muitos o maior piloto de Fórmula 1 de todos os tempos. Aqui vão duas de suas frases:

> Não sei dirigir de outra maneira que não seja a **ARRISCADA**. Quando tiver de ultrapassar, vou ultrapassar mesmo. Cada piloto tem seu **LIMITE**. O meu é um pouco acima do dos outros.

> No que diz respeito ao empenho, ao **COMPROMISSO**, ao esforço, à dedicação, não existe meio termo. Ou você faz uma coisa bem feita ou **NÃO FAZ**.

Outro exemplo de empreendedor é Walt Disney. Ele foi demitido do jornal *Kansas City Star*, porque o editor achava que Walt Disney não tinha imaginação nem boas ideias. Sabemos bem que esse editor se enganou. Disney foi persistente após ter saído do jornal: montou uma companhia, a Laugh-O-Gram, e teve de enfrentar a falência, mas continuou e deixou um extraordinário legado. Abaixo, uma de suas reflexões:

> Se podemos sonhar, também podemos tornar nossos sonhos **REALIDADE**. Não deixe que os seus **MEDOS** tomem o lugar dos seus sonhos.

Se temos um problema ou se estamos com medo de ousar, de empreender, podemos consultar os exemplos extraordinários, podemos nos tornar "referenciados" em nossa jornada e resolver mais rapidamente algumas questões e até realizar nossos propósitos após consultas às referências.

Como disse anteriormente, precisamos ser "referenciados". O que quero dizer com isso é o seguinte: se temos de tomar uma decisão, é bom que tenhamos referências, assim, por meio delas, conseguiremos refletir melhor e com mais competência e acerto. Isso ainda nos faz diferentes, pois adotamos essa consulta às referências, esse critério, ao contrário de muitas pessoas que se deixam abater ou simplesmente vão tomando decisões sem referência ou critério lógico.

Nada melhor do que apoiarmos nossas ideias e direções em referências, autoridades, em pessoas que conseguiram conquistar seus propósitos e que, muitas vezes, superaram grandes desafios para isso.

No capítulo a seguir, falo de persistência e superação, pontos fundamentais para a realização de nossos propósitos e pontos fortíssimos nas pessoas extraordinárias.

Estas são as referências de alguns dos extraordinários que hoje são referências:

- Vou cair em alguns lugares-comuns, mas são pessoas da minha geração e que me inspiraram muito. O Ayrton Senna, pela determinação e fé que tinha, duas coisas que me marcaram. Houve também um presidente de empresa, o José de Almeida, já falecido, que me mostrou a integridade. Outro presidente, também já falecido, o Paulo Figueiredo. (Sofia Esteves)

- Aprendi muito com o Francesc Petit, que era dono da DPZ, quando eu era diretor de criação. Sem dúvida, ele foi uma das pessoas que me ajudaram a treinar o olhar de maneira muito acentuada. É importante treinar o olhar e criar critérios estéticos. (Washington Olivetto)

- Tenho uma lista vasta de inspiração. Algumas pessoas já morreram, como Walt Disney e Ayrton Senna, que me inspiram diariamente. Existem outras pessoas que tocaram muito minha vida e foram cruciais para que eu conseguisse crescer como pessoa, como ser humano, como profissional. O Edmilson Mota, diretor da escola onde estudei, o Etapa, mudou totalmente a minha vida, pois acreditou em mim de uma forma única. O Reinaldo Normand é um dos meus maiores mentores do Vale do Silício, me ajudou demais e abriu minha cabeça para muitas coisas. O Flávio Augusto, grande empreendedor, também é um grande mentor. Pessoas que eu ainda não tive a chance de conhecer também me inspiram muito, como Elon Musk. (Bel Pesce)

- Desde pequeno, ouvia minha mãe dizer: "Pense alto, pense grande, pense positivo". Ela dizia também: "Querer é poder". E seguia com: "Tudo o que você desejar na vida, você alcançará". Meu pai me ensinou o valor do trabalho e da integridade. Graças ao apoio incondicional que sempre tive de minha esposa, me transformei de desempregado em empresário bem-sucedido. Meus filhos são também uma grande fonte de inspiração, pois estão sempre trazendo uma nova visão empreendedora para os negócios. E eu não poderia deixar de reconhecer a influência positiva que recebi dos missionários mórmons que, desde a adolescência, me ensinaram inglês e, mais tarde, me ajudaram a estudar numa universidade americana. Sem aquele apoio inicial, não sei onde estaria hoje. (Carlos Wizard Martins)

- Grandes homens e mulheres me inspiraram. Eles têm uma característica em comum: são a encarnação da esperança ativa, portanto, da esperança, como dizia Paulo Freire, de "esperançar" e não de esperar. Existem grandes homens e mulheres na história que me inspiram, seja do ponto de vista intelectual, seja do ponto de vista da ação. Então, Sócrates, Sidarta Gautama (Buda), o próprio Paulo Freire como o mais contemporâneo e o mais próximo também na minha vivência, madre Teresa de Calcutá, irmã Dulce, Martinho Lutero, Jesus de Nazaré, Giordano Bruno, Galileu Galilei são pessoas que, quando fui passear um pouco em suas histórias de vida, todas elas tinham um ponto em comum, aquilo que terminou agora em 2013 com a expressão forte de Nelson Mandela. Portanto, essa esperança ativa é sempre muito influenciadora. Algumas pessoas vivas neste momento em que conversamos também servem de inspiração para mim, entre elas, Paulo Evaristo Arns. (Mario Sergio Cortella)

3 Extraordinários persistem

> *Sempre haverá uma cruz antes da coroa, um sacrifício antes do sucesso e uma reprovação antes da recompensa.*
> Steven J. Lawson

A característica fundamental para qualquer um que deseje alcançar seus propósitos é a persistência. Ouvi inúmeras histórias realmente fascinantes, justamente por terem este ponto crucial: persistência (do latim *persisto,is,stĭti,stĭtum,ĕre*, "persistir, perseverar, não desistir, continuar" – fonte: Houaiss).

Veja que interessante, adoro buscar a etimologia das palavras, suas raízes, pois a raiz da palavra dá uma visão mais concreta do significado, uma visão mais ampla. Nesse caso, vemos que persistir é o mesmo que continuar firme, ficar de pé. Olhe que interessante, é de extrema importância entendermos isso; parece bobo, mas não é. Na vida, vamos ouvir muitos "nãos". Vão achar nossas ideias tolas e sem sentido. Vão rir. Vão querer nos diminuir. Muitas vezes, isso acontece até mesmo sem que as pessoas tenham esse objetivo, mas acontece. Aconteceu com várias pessoas extraordinárias, e ainda pode acontecer. No entanto, se você sente que aquele é um propósito verdadeiro, genuíno, você continua de pé. A vida bate e você continua de pé, continua firme em seu propósito. Charles Chaplin afirmou que "a persistência é o caminho do êxito".

Lembro que, quando tive a ideia de escrever este livro e entrevistar pessoas extraordinárias, além de ler biografias e conhecer diversas histórias, alguns conhecidos me olharam com cara de "ah, tá, você acha que vão atendê-lo?". Muitas vezes, pessoas muito próximas não acreditaram no projeto. Muitas não diziam nada, sua reprovação estava estampada no rosto. Algumas me disseram que eu era louco e prontamente me deram motivos para acreditar nisso. Ouvi coisas como: "Esqueça, esses caras não atendem, nem respondem *e-mail* nem telefonemas; esses caras se acham"; "Você vai se frustrar, você vai ver"; "Viu, hoje, ninguém quer saber de ler, o livro é algo falido, condenado a acabar, você vai perder tempo e dinheiro".

Porém, pensei naquela história de que, se o chamam de louco, alguma coisa grande você está prestes a realizar, e achei por bem seguir meu propósito, afinal, o não eu já tinha.

Ouvi algumas dezenas de nãos. Decepcionei-me com pessoas que admirava. Percebi que algumas falam muito, têm bom discurso, mas, na verdade, não praticam bem aquilo.

A rejeição é algo com que você vai ter de lidar na vida, querendo, aceitando ou não. Vai ter de lidar, principalmente se quiser realizar algo que julgue importante não só para você, mas para a sociedade.

Lembro de um vídeo a que assisti na internet chamado "Os dois segredos para o sucesso, de Arnold Schwarzenegger", no qual Schwarzenegger, ao receber um prêmio, diz que muitos perguntam a ele qual é o segredo do sucesso. Ele responde que existem duas regras: a primeira é trabalhar para valer e a segunda é nunca ouvir os que só dizem não. Schwarzenegger afirma que nunca ouviu as pessoas negativas, aquelas que diziam que ele nunca conseguiria. Ele conta que, quando entrou no fisiculturismo, ainda na Áustria, seu país de origem, queria ser campeão mundial. As pessoas diziam que ele nunca seria campeão, pois isso era coisa da América. Ele não as ouviu e foi

13 vezes campeão do mundo. Schwarzenegger continua, contando que, quando resolveu ser ator, ouviu muita gente dizendo que ele nunca seria um ator aclamado e respeitado. Diziam que ele era muito forte, que tinha um sotaque muito carregado e que não daria certo, que nunca ninguém ficara famoso em Hollywood com um sotaque daqueles, e ainda disseram que também não daria certo por causa do sobrenome, ninguém conseguiria falar ou guardar um nome como o dele. Sabemos bem como Arnold Schwarzenegger foi bem-sucedido e ainda se tornou governador da Califórnia. Ele encerra o vídeo, dizendo que não aceitemos não como resposta.

A querida Bel Pesce, que hoje é um grande nome do empreendedorismo jovem, eleita pela *Forbes Brasil* um dos 30 jovens de menos de 30 anos com capacidade para mudar o Brasil e, ainda, uma das líderes mais admiradas pelos jovens em 2015, conta que, antes de se formar em administração, ciências da computação, engenharia elétrica e economia no Massachusetts Institute of Technology (MIT), não fazia ideia de que poderia parar lá. Não sabia que teria essa chance até que, um dia, um amigo da escola secundária comentou sobre o processo pelo qual passara com o responsável por entrevistar e selecionar possíveis alunos para o MIT. Bel pirou. Quis saber tudo sobre o assunto: como falar com o entrevistador, qual o telefone e o endereço dele. O amigo passou os dados, mas alertou que o processo já estava encerrado. Ela persistiu e bateu na casa do responsável, pedindo para fazer a entrevista e se submeter ao processo de seleção para o MIT, com uma caixa de papelão nas mãos, contendo tudo que ela realizara até ali. O entrevistador explicou que já estava encerrando os processos, que já havia feito o relatório de mais de 30 jovens, mas quis ver a caixa que ela trouxera. Ela disse a ele para olhar a caixa e ver que ela queria muito uma vaga e que ele não se arrependeria, pois ela queria mudar o mundo. Veja só, a Bel perdera o prazo e tinha um desafio, pois não fazia ideia de como seria a entrevista, porém, não se prendeu aos possíveis nãos, focou no possível sim e, por isso, conseguiu. Hoje, ela é uma das maiores referências jovens do país e ganha prêmios até fora do Brasil.

Vejo que todas as histórias inspiradoras têm uma grande dose de persistência. Vejo que, algumas vezes, o que atrapalha é a ideia do instantâneo, do imediato, de achar que uma ideia logo será aceita, que o sim logo virá, portanto, essa é uma receita certa para desistir. É preciso ter o espírito preparado para o não. Sabe aquela coisa de buscar sempre o melhor, mas ter em mente um plano para o caso de o pior acontecer? Isso é de grande ajuda.

Outra coisa importante é entender que a sorte só nos abraça se nos movemos, insistimos e não desistimos. Aprendi que "só existe prêmio para aqueles que agem". Em geral, as pessoas chamadas de "sortudas" têm um histórico impressionante de movimento, busca e persistência. É o que acontece, muitas vezes, no ramo da tecnologia. Alguns dizem que os milionários da tecnologia são sortudos, quando, na verdade, passaram por processos árduos, por meses e anos de dedicação, testando, fracassando, aprendendo, persistindo.

O cientista da computação Brian Acton, cofundador do WhatsApp, foi rejeitado em um processo de seleção para vaga de emprego no Facebook em 2009. Ele até comentou esse processo seletivo em um tuíte. Aliás, foi recusado também em um processo seletivo no Twitter. Ainda em 2009, ele criou o WhatsApp, e vale lembrar que, em 2014, o Facebook comprou o aplicativo por 16 bilhões de dólares.

Existem várias histórias de sucesso "instantâneo" que, na verdade, são uma compreensão imperfeita do instantâneo. Falarei de sucesso no capítulo a seguir, mas ainda temos de terminar este aqui.

Persistência.

Anos atrás, conheci uma história que achei muito interessante, a do australiano Justin Herald. Aos 25 anos, ele tinha apenas 50 dólares no bolso e decidiu tentar abrir um negócio. Sem experiência, sem maior conhecimento de mercado, sem garantia de retorno, ele apostou o único dinheiro que tinha em uma marca de camisetas e fundou a Attitude Gear. Herald conta que, a princípio, o plano era estampar a palavra "atitude" em algumas camisetas, aborrecer o máximo de pessoas para comprá-las e, depois, procurar um emprego. Ele estampou quatro camisetas, vendeu três para amigos e, com o capital, fez o giro. Assim, foi vendendo cada dia mais camisetas. Mas ele queria chegar às lojas e começou a oferecer seu produto aos lojistas. Ouviu dezenas de "nãos", mas não desistiu. Mudou a abordagem, após ouvir de alguns desses lojistas que sua marca não era procurada. Bingo! Foi aí que seu plano surgiu: pediu para alguns amigos começarem a ligar para as lojas e pedir suas camisetas. Alguns fizeram visitas, pedindo pela camiseta e, então, alguns lojistas começaram a ligar para Herald e fazer encomendas. Assim se iniciou uma marca multimilionária, com persistência e novas abordagens para a conquista do *sim*! Henry Ford disse: "Há mais pessoas que desistem do que pessoas que fracassam".

    Mais uma história extraordinária e emocionante é a do médico brasileiro Jessé Moreira Soares. De família muito pobre de Limoeiro do Ajuru, ele sempre tentou estudar, sempre buscou a educação. Morava em Barcarena e, após prestar vestibular e passar em biologia e física, espantou-se com as notas e logo pensou que, com aquela pontuação, poderia passar em medicina. Então, decidiu morar em Belém, com um tio com quem trabalhou durante um período, e prestar vestibular para medicina na Universidade do Estado do Pará. Foi aprovado com 166 pontos dos 200 possíveis nas provas objetivas e com 25 pontos dos 30 na redação. Iniciou o curso. Depois das aulas, vendia bombons de chocolate no ônibus para se sustentar. Casou-se logo após o ingresso na faculdade. Com todas essas responsabilidades, cursando medicina de manhã até o fim da tarde, estudava sem tomar café, ficava sem almoçar na maioria das vezes, chegava em casa à noite e não tinha o que jantar. Acordar cedo e passar fome eram uma realidade, infelizmente, comum para Jessé, porém, força de vontade e crença na realização de seu propósito também eram e ainda são. Ele vendia bombons no ônibus das 17h até as 22:30 horas, ia para casa e estudava. Assim foi sua rotina durante o período de estudos, mas todo esforço e dedicação valeram a pena. Jessé agora é médico, e pretende ser neurocirurgião. Por seu esforço, não tenho dúvida de que será um grande neurocirurgião. Uma linda história de persistência e superação, que merece ser contada e servir de exemplo para todos. Numa entrevista, Jessé disse que "a saúde no Brasil não é das melhores, mas a gente está lutando para que o melhor aconteça".

Persistência, persistência, persistência!

Continuar com firmeza, ficar de pé.

Manter propósitos firmes e de pé, muitas vezes, não é tarefa fácil, mas certamente não é tarefa impossível. Agora, é só olhar essas histórias e agir, pois agir é preciso e vemos que a ação leva o nome muitas vezes de "sorte", "genialidade" e "dom".

Importante:

- Seja um exemplo. Palavras podem criar expectativas, mas só as ações constroem a verdade.

4 Extraordinários enxergam o sucesso de forma diferente

> *Prestígio é melhor do que sucesso.*
> Washington Olivetto

Bom, vamos começar pelas definições.

Sucesso, do latim *successus*, significa "abertura; aproximação, chegada, vinda; bom resultado, bom êxito, bom sucesso" (fonte: Houaiss).

Resultado positivo de um empreendimento, alcance de algo desejado, resultado favorável. Essas são definições encontradas para sucesso, e creio que sejam a grande definição mesmo. Com todos os que conversei e nas reportagens ou biografias que li, vi que o sucesso é justamente isso, resultado favorável, pois, mesmo em condições adversas, podemos transformar a experiência em algo favorável.

As pessoas dedicam boa parte do tempo a um propósito e acreditam nele. Elas são o que são, suas características estão lá, o que acontece é que, após conseguirem realizar algo interessante e que chame a atenção, algumas vezes, acabam ficando "famosas" e muitos dos que as rejeitavam e não ligavam para seus sonhos, agora as seguem, pedem sua presença e dizem até que sempre acreditaram nelas. É assim. Entretanto, o grande barato é se manter íntegro, com os pés no chão, pois a fama é algo que passa. Já o que você produz de relevante para as pessoas fica. Hoje, mais do que nunca, fama é algo efêmero.

Vemos as pessoas ficarem famosas sem criar ou fazer nada de grande importância; assim, só são famosas por um tempo, elas não se tornam importantes. As pessoas se tornam importantes quando vão além do óbvio, quando se dispõem a contribuir, a compartilhar, quando criam produtos, serviços e possibilidades que fazem uma diferença positiva na vida dos outros.

Dinheiro não quer dizer sucesso. Dinheiro é só dinheiro. Algumas pessoas ganham dinheiro e não têm sucesso nem prestígio. São tão pobres, que a única coisa que têm é dinheiro, como ouvi uma vez do mestre Mario Sergio Cortella.

Acho que muitas pessoas assumem, de forma errada, que sucesso é simplesmente ganhar dinheiro. Na verdade, dinheiro é um resultado das ações desempenhadas. Isso em relação a uma empresa ou quando se trabalha bem e se faz uma carreira em alguma organização.

O que vejo é uma compreensão imperfeita do que é sucesso, e minha observação mais evidente é que, para nenhum dos extraordinários, o dinheiro é o fator mais relevante, longe disso. O fator mais relevante é produzir algo significativo, com felicidade e integridade e, claro, ver que avança naquilo que se propôs a realizar. Muitas vezes, esperamos ver as coisas avançarem de forma explosiva, não conseguimos refletir sobre os pequenos avanços que estamos fazendo e que vão contribuir para o todo, para o processo total de realização, de alcance do sucesso. Aí está o perigo, na impaciência e na incapacidade de reconhecer pequenos avanços. É preciso ter cuidado para não se deixar cegar pelo imediatismo e acabar desistindo, por não conseguir compreender devidamente os avanços, mesmo os pequenos. Vincent van Gogh escreveu, numa carta a seu irmão Theo, que "grandes realizações não são feitas por impulso, mas por uma soma de pequenas realizações".

Vemos mães e pais que, mesmo com dificuldade, conseguem criar filhos com grande caráter e educação social e escolar. Vemos pessoas que criam movimentos culturais e sociais em que os únicos recursos investidos foram tempo e disposição. Temos de ir mais fundo em nossas reflexões, buscar uma conversa íntima e nos desligar de modelos pré-constituídos. Precisamos, com urgência, descobrir as verdadeiras razões de ser.

Sucesso, para muitos que entrevistei e com quem conversei, é uma questão de fazer bem o que se faz, ser feliz com o que se realiza e ter a consciência tranquila. Alguns responderam que não pensam em sucesso, pensam em criar algo que seja útil, inspirador, um produto ou serviço que agregue alguma coisa à vida das pessoas e, consequentemente, à sociedade. Bel Pesce, a querida menina do Vale do Silício, diz: "Sucesso na área profissional tem a ver com tocar vidas".

Pensei muito nisso, e me lembrei de pessoas que tocaram minha vida, que me transformaram, e acabei percebendo que elas tiveram sucesso, grande êxito nisso, foram pessoas que direta e indiretamente me influenciaram, e de forma tão forte, que me ajudaram e ainda me ajudam a me tornar melhor e, claro, construir meus sucessos, meus êxitos e resistir nos momentos em que a vida exige firmeza de mim.

Sucesso não tem necessariamente relação com acúmulo de riqueza. Isso pode ocorrer, mas sucesso é o acúmulo de criações e de partilha de benefícios – aliás, compartilhar é algo muito forte nos extraordinários e também abordarei o assunto aqui.

Conrado Adolpho, escritor, consultor, palestrante e um dos maiores nomes do *marketing* digital brasileiro, autor do livro *Google marketing*, diz que o que ele deseja não é acumular um bilhão de dólares, mas, sim, um bilhão de obrigados. Na entrevista, ele me disse que até quer um bilhão de dólares, mas sabe que isso pode ser consequência do um bilhão de obrigados que receber.

Olha, que incrível! Que excitante pensar em ter uma gratidão astronômica das pessoas. Isso é inspirador e fonte de sucesso e riqueza não somente financeira, mas também pessoal. Imagine um bilhão de obrigados. É gente demais sendo beneficiada de diversas formas.

Há algum tempo, assisti a uma palestra de Renato Meirelles, sócio-diretor do Data Popular, instituto de pesquisas das classes C, D e E no Brasil. Ele discorria sobre produtos e serviços e mencionou que, para falar com os clientes, é preciso focar no benefício que aquele produto ou serviço pode trazer para o cliente.

Fiquei refletindo e percebi que, quando você pensa e trabalha para que o que faz gere um nível alto de benefício, com toda certeza, terá sucesso. É uma conta básica e muito lógica, quando focamos na criação de benefícios, na prestação de um serviço, certamente, exerceremos um impacto positivo na vida das pessoas, sejamos nós empresários que buscamos o benefício dos clientes, sejamos nós filhos que buscam ajudar os pais, sejamos nós professores que buscamos trazer as melhores formas de aprendizagem aos alunos, sejamos nós alguém que busca olhar o outro com respeito e simplesmente oferece a quem mais precisa um lugar no ônibus ou no metrô. Pense no tamanho do impacto positivo que você pode causar se fizer tudo isso que acabei de citar.

Sucesso é realmente alcançar um resultado positivo com o que nos propomos a fazer e ter a consciência tranquila de que o fazemos, de forma íntegra e feliz.

O sucesso é muito particular. O que é para uma pessoa pode não ser para a outra. Uma acredita que sucesso é ter casa própria e trabalho registrado em carteira, ao passo que outra acredita que sucesso é conseguir mais clientes em sua loja e aumentar seus lucros. Outros, ainda, podem ver o sucesso como êxito no vestibular, num concurso público, criar filhos com dignidade, boa educação e amor. Ou pode ser tudo isso, dependendo da etapa da vida. Primeiro, você quer passar de ano na escola; depois, quer passar no vestibular; então, quer se formar, estagiar, crescer na carreira; comprar uma casa, um carro, casar-se, viajar, ter filhos e educá-los devidamente; começar um negócio em família... Enfim, sucesso é algo bastante particular e que nem sempre está ligado a altos ganhos monetários, luxos ou ostentação de riquezas materiais. Pode ser construir um projeto social que impacte milhares de vidas, como é o caso de Gerando Falcões, do querido Eduardo Lyra, que inspira milhares de jovens em regiões carentes a sonhar e acreditar em um futuro melhor.

O mesmo se pode dizer de um produto ou serviço. Lembro-me de assistir a um vídeo do Conrado Adolpho, em que lhe perguntaram qual o produto que ele considerava de maior sucesso. Adolpho sabiamente respondeu que dependia do que a pessoa tinha em mente como sucesso. Afirmou que um de seus produtos obteve alta lucratividade, mas que outro teve mais impacto social e que ele sentiu que conseguiu atingir mais pessoas e transformar suas vidas. Veja como o sucesso é algo muito particular.

Gosto muito de uma definição atribuída ao famoso escritor, filósofo e poeta estadunidense Ralph Waldo Emerson:

> **RIR** muito e com frequência; **GANHAR** o respeito de pessoas inteligentes e o afeto das crianças; **MERECER** a consideração de críticos honestos e suportar a traição de falsos amigos; **APRECIAR** a beleza, encontrar o melhor nos outros; **DEIXAR** o mundo um pouco melhor, seja por uma saudável criança, um canteiro de jardim ou uma redimida condição social; **SABER** que ao menos uma vida respirou mais fácil porque você viveu. Isso é ter tido **SUCESSO**.

Penso muito nisso, saber que uma vida foi melhor em razão de uma contribuição minha. Isso é sensacional e instigante.

Uma coisa é certa, se você faz com amor, dedicação, disciplina, integridade e buscando contribuir com as pessoas, será realmente um sucesso, não tenha dúvida disso, você será um sucesso!

John D. Rockfeller, dono de uma das maiores fortunas da história, disse: "Nunca tive a ambição de fazer fortuna. Fazer só dinheiro jamais foi meu objetivo. Minha ambição foi sempre construir".

Definições de sucesso de alguns dos extraordinários:

- É sentir que sua consciência está tranquila com tudo aquilo que realizou ao longo da vida, sem prejudicar ninguém e contribuindo para um mundo melhor do que aquele que encontrou. (Cesar Romão)

- Sucesso, para mim, é as pessoas quererem ouvir aquilo que tenho a dizer. Na primeira vez que me fizeram essa pergunta, na cerimônia de um prêmio que recebi, eu disse que não tenho tempo para pensar em sucesso, não me acho uma pessoa de sucesso; eu me considero uma pessoa realizada. Acho que o sucesso é oriundo da realização. Se a pessoa para a todo momento para achar que tem sucesso, está fadada ao fracasso. Para mim, o sucesso é saber que impacto a vida das pessoas e que faço diferença na vida delas, seja das pessoas do mercado, dos candidatos, dos profissionais que treino, desenvolvo e coloco nas empresas, seja da minha equipe ou da minha família, dos meus filhos. Tenho para mim que isso não tem preço, saber que estou dando o melhor de mim para os outros. (Sofia Esteves)

- Fazer sucesso por um, dois, cinco anos não é tão complicado. Difícil é se manter o tempo inteiro com uma média alta e com credibilidade, e isso é prestígio. O sucesso, hoje, está cada vez mais efêmero, particularmente em um quadro social como o nosso, em que é possível dividir as pessoas mais populares em celebridades (pela mídia) e *cerebridades* (pelo cérebro). Acredito, cada vez mais, na ideia do prestígio, porque ele surge do esforço, do trabalho, do bom senso. (Washington Olivetto)

- Tem a ver com tocar vidas. (Bel Pesce)

- Essa é uma pergunta que não tem uma resposta única, fácil e simples. Costumo dizer que o sucesso acontece quando a preparação encontra a oportunidade. Mas você só pode dizer que obteve algum sucesso quando sentir que alcançou o objetivo que desejava. Há dois grandes objetivos na vida: um é conseguir o que se deseja, o outro é desfrutar do que se alcançou. Somente pessoas que buscam um equilíbrio entre a vida pessoal, familiar e profissional alcançam esse estágio. (Carlos Wizard Martins)

- O que é pequena conquista, eu nem chamo de sucesso. As pequenas conquistas do dia a dia, elas são traduzidas pelas coisas que conseguimos melhorar, porque a felicidade, que pode ser sucesso, é uma palavra alienante. Não dá para carregarmos a felicidade o tempo todo, com tantos problemas diários, mas temos momentos de felicidade por contribuir para uma melhoria. (Silvia Brandalise)

- Sucesso é a capacidade de você olhar sua trajetória e perceber que ela é decente, isto é, que ela foi feita sem você ter sido cruel, sem você ter sido oportunista, ou seja, sem você ter usado as pessoas para obter algum tipo de resultado e, ao mesmo tempo, um reconhecimento – reconhecimento esse marcado pela capacidade de ser entendido como uma pessoa que é importante naquela atividade. De um modo geral, o sucesso pode ser ou não acompanhado de condições materiais mais favoráveis. No meu caso, foi, por conta da própria atividade. Minha condição econômica melhorou, com essas outras condições que indiquei, mas sem que isso me grudasse numa "consumolatria" desesperadora, da qual eu nem parte tenho. Eu não tenho alguns encantos que esse mundo do sucesso carrega, por exemplo. Jamais, para mim, sucesso seria ter um carro do ano, até porque nem dirijo, não tenho carteira de motorista. É algo que não produz em mim encantamento. (Mario Sergio Cortella)

- Há várias maneiras de definir sucesso. Acredito que é estar feliz com você mesmo. (Rubem Alves)

- É fazer aquilo que você ama, porque, sem amor, ninguém é capaz de fazer algo significativo e relevante. (Eduardo Lyra)

- É algo que dá uma satisfação enorme e precisamos buscar sempre. Uma cultura que eu coloquei na Embraer, desde o começo, foi a de ser bem-sucedido. Digo que o sucesso precisa ser buscado sempre e precisamos fazer com que a comunidade busque o sucesso. Recentemente, encontrei um jovem engenheiro que entrou há pouco na Embraer e perguntei a ele qual sua impressão da empresa. A resposta foi histórica, um prêmio de vida. Ele disse: "Fantástica. Estou em uma companhia vocacionada para o sucesso, que busca o sucesso o tempo inteiro e que o distribui entre todos os participantes. Da mesma maneira, se houver uma falha, todos buscam corrigi-la sem se apegar em apontar o culpado". Fiquei impressionado, pois foi algo que plantei lá desde a fundação. (Ozires Silva)

- Sucesso é fazer o que se gosta, ser dono do seu tempo fazendo o que gosta. Ter o reconhecimento dos seus clientes e das pessoas que o acompanham. (Alexandre Won)

5 Extraordinários buscam conhecimento e valorizam a educação

Conhecimento é poder.
Citação latina

Conhecimento é poder. Acredito nisso. Creio que conhecimento é poder fazer o que é certo, é poder fazer melhor o que já se faz, é poder conhecer mais caminhos a serem seguidos, ignorados e conservados. Todos os extraordinários sabem muito bem o que significa esse poder.

Existe uma confusão, pois, quando falamos de educação, na maioria das vezes, o que vem à mente é educação ligada à escola e, por isso, frequentemente é preciso dividir esse conceito, justamente para poder somá-lo e multiplicá-lo. Então, temos a educação escolar, na qual são apresentados conhecimentos diversos, também de comportamento, e, claro, os conhecimentos apresentados nas matérias da grade curricular.

Faço aqui um parêntese para comentar a expressão "grade curricular", da qual o mestre Rubem Alves não gostava nada. Quando o entrevistei, ele falou a respeito: "Os conhecimentos vêm engradados, mas eles não são engradados; são passarinhos soltos. Grade curricular, o que se faz com isso?". Tenho de concordar com o saudoso mestre Rubem. O modo como se apresentam as matérias e o modelo escolar todo precisam ser repensados com urgência. Precisam, sim, ser libertos de certas grades e apresentados de forma mais atraente, mais alada.

Sem educação e conhecimento não se vai muito longe. A ignorância é limitadora, não nos ajuda a nos conectarmos com o que é precioso, com o que é necessário. A ignorância não nos conecta devidamente com a esperança.

Investir em educação (escolar) e educação pessoal é a mais importante tarefa de uma nação e, claro, dos pais. Muitos pais entendem isso e se esforçam de maneira muitas vezes sobrenatural para que os filhos possam ter excelentes oportunidades de educação, tanto orientando em casa, pelo exemplo e pela integridade, quanto conduzindo a instituições (escolas, universidades) que ajudem a ampliar conhecimentos e proporcionem uma convivência íntegra, inspiradora e esperançosa.

A educação escolar é de grande importância para nossas vidas, sem sombra de dúvidas. Como já ouvimos falar tantas vezes, ela é fundamental. Segundo a Unesco, a educação tem quatro pilares: aprender a conhecer; aprender a fazer; aprender a viver com os outros; aprender a ser. Uma direção bem ilustrada e bacana, mas sabemos que, em nosso país, ainda precisamos percorrer um longo caminho.

Como disse Mario Sergio Cortella: "A educação é um processo formativo de um ser humano, dado que não nascemos prontos. A escola é um dos lugares onde essa educação pode ser feita. A escola é uma das maneiras de fazer educação".

A educação pessoal é algo por que clamamos tanto ou mais do que por uma educação escolar. A meu ver, a educação pessoal de tratar o outro como igual, de pensar no outro, nos que mais precisam, de pensar não somente em si e ver apenas os próprios anseios é realmente um *brado retumbante*.

Gosto muito do que escreveu Robert Fulghum no livro *Tudo o eu devia saber na vida aprendi no jardim de infância*:

Tudo o que hoje preciso realmente saber, sobre como viver, o que fazer e como ser, eu aprendi no jardim de infância. A sabedoria não se encontrava no topo de um curso de pós-graduação, mas no montinho de areia da escola de todo dia. Estas são as coisas que aprendi:

1. Compartilhe tudo.
2. Jogue dentro das regras.
3. Não bata nos outros.
4. Coloque as coisas de volta onde pegou.
5. Arrume sua bagunça.
6. Não pegue as coisas dos outros.
7. Peça desculpas quando machucar alguém, mas peça mesmo!
8. Lave as mãos antes de comer e agradeça a Deus antes de deitar-se.
9. Dê descarga. [Isso é importante.]
10. Biscoitos quentinhos e leite fazem bem para você.
11. Respeite o limite dos outros.
12. Leve uma vida equilibrada: aprenda um pouco, pense um pouco... desenhe... pinte... cante... dance... brinque... trabalhe um pouco todos os dias.
13. Tire uma soneca à tarde. [Isso é muito bom.]
14. Quando sair, cuidado com os carros.
15. Dê a mão e fique junto.
16. Repare nas maravilhas da vida.
17. O peixinho dourado, o *hamster*, o camundongo branco e até mesmo a sementinha no copinho plástico, todos morrem... nós também.

Pegue qualquer um desses itens, coloque-o em termos mais adultos e sofisticados e aplique-o à sua vida familiar, ao seu trabalho, ao seu governo, ao seu mundo e vai ver como ele é verdadeiro, claro e firme. Pense como o mundo seria melhor se todos nós, no mundo todo, tivéssemos biscoitos e leite todos os dias por volta das três da tarde e pudéssemos nos deitar com um cobertorzinho para uma soneca. Ou se todos os governos tivessem como regra básica devolver as coisas ao lugar em que elas se encontravam e arrumassem a bagunça ao sair. Ao sair para o mundo, é sempre melhor darmos as mãos e ficarmos juntos. É necessário abrir os olhos e perceber que as coisas boas estão dentro de nós, onde os sentimentos não precisam de motivos nem os desejos de razão.

O importante é aproveitar o momento e aprender sua duração, pois a vida está nos olhos de quem souber ver.

É um texto poderosamente verdadeiro. Em minha opinião, e que faz pensar em tudo o que já vivemos, em como temos vivido e em como ainda poderemos viver. Acho uma reflexão linda, a ser considerada. Creio que o jardim de infância é, na maioria das vezes, um dos únicos, se não o único, lugares onde a partilha, o respeito ao outro e ao meio ambiente são tão enfatizados e buscados, depois disso, deixa de ser jardim. Esses pontos tão importantes deixam de ser regados como deveriam e se torna cada dia mais comum a busca por aprender a passar de ano, passar de ano, passar de ano.

Conhecimento é algo com que estamos em contato o tempo todo, de múltiplos modos, por meio de diversos canais, pessoas, acontecimentos, contos etc.

Precisamos aprender a arte da curadoria para, com tanta informação, conseguirmos transformá-la em conhecimento real e útil.

Enfim, apresentados e separados os pontos, agora, vemos que um sem o outro não produz uma boa receita, mas, juntos e misturados, com toda certeza, fazem um ser humano extraordinário, com possibilidades diversas e enorme poder de exemplo, pois nada melhor que tomarmos como exemplos pessoas educadas, com grandes conhecimentos e dispostas a realizar o melhor.

Os extraordinários são assim. Nem todos fizeram faculdade, nem todos são pós-graduados, doutores etc., mas todos valorizam a educação e sabem que o conhecimento é algo fundamental para a vida. Alguns até ressaltam que aprenderam muito com pessoas e livros. Conrado Adolpho diz:

> **VOCÊ SÓ** aprende de uma maneira: tendo contato com pessoas. Você não **APRENDE** de nenhuma outra maneira. Você tem contato com pessoas por meio dos livros que elas escrevem, das entrevistas que concedem, dos cursos que dão, das conversas que tem com elas. Você só aprende **COM PESSOAS**.

Conrado é um dos extraordinários que tive a alegria e a honra de entrevistar e que levantaram a questão de aprender com pessoas e seus escritos e feitos. Todas destacaram essa maravilhosa plataforma, o livro, como algo fundamental e a leitura como algo imprescindível para quem quer conhecer, aprender e realizar. Washington Olivetto, quando perguntei sobre seu *hobby*, respondeu: "Ler três livros ao mesmo tempo".

Conversando com a Bel Pesce, perguntei se ela acreditava que o modelo universitário americano de não precisar escolher um curso fechado e, assim, conseguir diplomas, em vez de um só diploma, tinha sido fundamental para ela. Bel disse enfaticamente que sim e acrescentou que essa exposição a diversas possibilidades, diversos conhecimentos, foi fundamental. "A experiência em uma universidade americana foi fundamental sim, porque é um modelo mais atual de ensino que leva em conta que, na vida, você vai precisar continuar aprendendo e por isso os currículos não precisam ser fechados. Afinal, não existe isso de 'conteúdos que você aprende durante a faculdade você aprendeu para sempre'; a educação continua e o aprendizado é constante."

Aprender sempre. Esse é um dever na vida e nos negócios. Nunca deixe de buscar conhecimentos. Vá a eventos, congressos, treinamentos, palestras, lugares que possam aumentar seu capital de conhecimento. Digo mais, sempre podemos conhecer pessoas e novas oportunidades e, daí, criar grandes conexões.

Sou suspeito para falar do quanto gosto de conhecer histórias de pessoas extraordinárias, conhecer um pouco mais sobre seus pontos de vista, sobre seus momentos de luta e como venceram. Geralmente, conhecemos apenas a parte vitoriosa, parece que tudo se resume àquele momento, mas, na verdade, anos de dedicação antecederam a realização de seus propósitos, e me encanta conhecer isso. Poder ter contato com essas pessoas extraordinárias, conversar com elas e não só aprender, mas também passar adiante o que pude aprender, é fantástico.

Mais à frente, falarei sobre a capacidade e disposição dessas pessoas extraordinárias de compartilhar histórias, visões e conhecimentos.

Nessa jornada, pude perceber que nenhum se cansa de aprender, são todos bastante firmes em absorver mais conhecimentos e isso é sensacional. Nas entrevistas, vi muitos deles com livros nas mãos. Alguns me levaram para ver seus livros em outras salas. Muitos têm em seus escritórios estantes forradas de livros, muitos casos, dividindo espaço com troféus e prêmios. Isso me levou a refletir que não poderia ser diferente, afinal, muitos desses prêmios e troféus podem ter tido seu início em algum daqueles livros, talvez em alguma daquelas linhas tenha nascido uma ideia, uma conexão com algo que já estava sendo pensado e que ganhou força e forma após uma leitura, tornando-se parte importante das realizações desses extraordinários.

É, os extraordinários valorizam a educação. Muitos me disseram que sentem muito o fato de nossos mecanismos escolares ainda não serem os ideais. Dizem ter esperança de que chegue depressa o dia em que isso mudará. Posso dizer que todos, de alguma forma, trabalham envolvidos com a educação, não a tradicional, escolar, evidentemente, mas muitos produzem conteúdos educativos, realizam palestras para jovens e adultos, levantando a bandeira da importância da educação e, assim, fazem o melhor para ajudar as pessoas a ter esperança por intermédio da educação, mostrando que ela é possível e de grande valor.

Os extraordinários não esperam, fornecem esperança com suas ações. Dão esperança, do verbo esperançar e não do verbo esperar, como disse Paulo Freire sobre qual esperança precisamos ter: "É preciso ter esperança, mas ter esperança do verbo esperançar, porque tem gente que tem esperança do verbo esperar. E esperança do verbo esperar não é esperança, é espera".

É preciso "esperançar", como Paulo Freire disse, pois isso quer dizer buscar, determinar-se à conquista, fazer o que precisa ser feito.

Quero fechar este capítulo partilhando algo que aprendi com o mestre Mario Sergio Cortella em uma de suas entrevistas. Ele relata que são Beda, conhecido também como venerável Beda, um monge inglês, compartilhou sua visão de que existem três caminhos para o fracasso, são eles:

1. Não ensinar o que se sabe.
2. Não praticar o que se ensina.
3. Não perguntar o que se ignora.

E o professor Cortella observa que devemos considerar que o contrário desses três pontos representa o caminho para o sucesso.

Que assim seja!

6 Extraordinários valorizam a família

A família não é uma questão de sangue, mas de alma.
A família é quem segura sua mão e ampara seu coração
quando mais você precisa.
Autor desconhecido

Para família, vemos algumas definições como grupo de pessoas que residem no mesmo local, que dividem ancestralidade. Bom, amo minha família de forma estrondosa, mas família é algo particular, algo em que cada um sabe onde estão os limites. Podemos até abraçar como "nossas" pessoas que não dividem ancestralidade conosco, mas dividem ideias, ideais, propósitos, planos, lágrimas e sorrisos, são "pau para toda obra", mesmo.

Tenho uma família vasta, mas posso dizer que aqueles que amo com tudo o que sou e que partilham do mesmo sangue estão bem próximos e os conto com as duas mãos, tranquilamente, não porque desconsidere a família vasta, mas porque permanecem juntos, fazem-se verdadeiramente presentes, realmente nos consideram importantes. A presença não depende necessariamente da geografia, depende muito mais da disposição, dos sentimentos, dos pensamentos e da preocupação, de um telefonema, algumas mensagens, uma carta e um sinal de fumaça. Claro que conto como família alguns amigos pelos quais tenho grande carinho e amor verdadeiro. Aí, sim, tenho de adicionar à contagem mais uma mãozinha, pois cabem todos em meus pensamentos e em meu coração.

Escrevi tudo isso, porque, nas entrevistas, percebi que essa era também a visão de alguns dos extraordinários. Alguns deles relataram constantes almoços de domingo, com mesa partilhada; outros mencionaram programas compartilhados com "agregados", amigos que são parte da chamada família.

Ao perguntar sobre família aos entrevistados, estas foram algumas das respostas:

> Complemento da alma.
> **(Cesar Romão)**

> A essência da minha vida. Eu não seria nada sem minha família, pai, mãe, irmão, marido, filhos. Sou muito ligada a minha família, e não acredito no sucesso de pessoas que conquistam êxito profissional e abandonam suas famílias. Não acredito que essas pessoas sejam felizes. O equilíbrio entre a carreira e a vida pessoal, para mim, é o sucesso; não é dinheiro, é saber que se está cuidando bem das duas coisas. Se um dos pontos me falta, principalmente a família, eu não sou nada.
> **(Sofia Esteves)**

> Minha primeira escolha, sempre.
> **(Washington Olivetto)**

Família é a base de tudo, independentemente do quão difícil seja sua situação familiar. Há desafios muito grandes no que diz respeito à família, mas família é sangue, família é a estrutura, e até mesmo grandes diferenças entre familiares o ajudam a aprender a lidar com outras pessoas.
(Bel Pesce)

O bem mais precioso.
(Carlos Wizard Martins)

Grande fonte de prazer ao coração.
(Silvia Brandalise)

Família é o núcleo original e o núcleo terminal. Com ela, a gente nasce; é nela que vamos juntos. Não é exclusiva, não é um conceito só biológico. Ela sofre ampliações, mas é decisiva para que a gente possa ter uma vida de partilha. Eu sou filho de italiano com espanhol e, portanto, a ideia de família é mais que um lugar; a família é uma parte da gente, outro modo de o meu corpo ser.
(Mario Sergio Cortella)

Porto seguro. Minha fonte de inspiração.
(Eduardo Lyra)

A coisa mais importante que existe.
(Alexandre Won)

Veja que fortes essas palavras. Saber o valor de fazer parte de uma família, saber o valor de criar uma nova família, buscar isso como um propósito, visualizar a família como a primeira opção em um momento de escolha, dar a ela a máxima importância, entender a família como complemento da alma e fonte de vida, são tantas e tão belas visões, que acabei entendendo ainda mais esse amor que sinto, ainda maior, depois que minha vida mudou, há cerca de quatro anos, quando nasceu minha princesa amada, minha filha Luiza.

Lembro de minha mãe dizendo, como creio que deva ter acontecido com você também: "Quando você for pai, você vai ver e entender por que me preocupo tanto".

É a mais pura verdade. Quando vi minha filha nascer, quando a segurei nos braços, creio que, junto da emoção e das lágrimas, veio uma mudança instantânea, pois passei a ver as coisas de uma ótica bem diferente, passei a ter a noção exata das palavras de minha mãe, vi o tamanho do amor que passou a fluir por todo meu ser. É maravilhoso ser pai, olhar e pensar que antes era apenas filho, apenas irmão e, agora, sou pai. É inexplicavelmente lindo. Quando ouço "papi", quando recebo aquele abraço, aquele beijo carinhoso, é emocionante, reconfortante, maravilhoso. É algo que desejo a todo mundo.

Não sei o tamanho da sua família, se é grande, pequena; sei que é doida, pois todas as famílias são, inclusive a minha! Sei que, dentro de uma família, todos nascemos, dentro dela vivemos. Independentemente de qualquer coisa, valorize quem sempre esteve e está junto de você, dedique-se a essas pessoas, doe-se, e nunca se esqueça de deixar claro seu amor pelos que integram sua família. Fale, escreva mensagens, cartas, envie mensagens pela rede, enfim, faça-se presente, valorize quem também se faz presente em sua vida.

7 Extraordinários são generosos e compartilham

> *O grande segredo para a plenitude é muito simples: compartilhar.*
> Sócrates

Quando comecei a jornada deste livro, deparei-me com dúvida e medo.

Dúvida de se conseguiria falar com as pessoas extraordinárias que pretendia entrevistar e medo de, conseguindo contatá-las, se iriam mesmo querer falar comigo, um estranho, curioso, com uma vontade doida de conversar com elas e compartilhar o resultado.

Bem, como aprendi e costumo compartilhar, o não, eu já tinha, então, precisava ir em busca do sim.

Sentia certo receio de me decepcionar com alguém que admirasse e tinha como referência, mas comecei o processo de listar, buscar os contatos, fazê-los e aguardar as respostas.

Posso dizer que fiquei totalmente surpreendido pela disposição, generosidade e vontade de compartilhar de todos os que entrevistei. As respostas foram rápidas, houve disposição para tentar agendar os melhores horários, os melhores períodos, os melhores lugares. Se não no escritório, em um evento onde pudéssemos nos conhecer e realizar a entrevista. Visitei escritórios, fiz *tour* por empresas, assisti a eventos e até na casa de alguns fui parar.

Uma experiência surreal. Digo que foi um MBA, um doutoramento, pois não colhi material somente na hora da entrevista, passei a observar tudo o que podia sobre as visões e as direções dessas pessoas. Andei com elas e as vi falando com outros. Vi a generosidade delas ao lhes falar, sua disposição, vi negociações, conversas com parceiros e colaboradores, e realmente pude ser surpreendido de forma ainda mais positiva. Lembro-me de que acompanhei a palestra de um dos entrevistados em um evento gigantesco. Íamos conversar um pouco após a palestra, que acabou demorando para terminar. Depois, ele me cumprimentou, perguntou como eu estava e sugeriu que fôssemos conversando no caminho até o banheiro, pois faltava pouco tempo para que esse entrevistado começasse outra palestra. Eu disse que tudo bem, andamos três passos e ele foi parado para fotos e autógrafos. Andamos mais cinco passos, mais fotos e autógrafos. Depois de algumas abordagens, ele conseguiu chegar ao banheiro. Esperei-o e fizemos o caminho de volta, acelerando o passo, mas ainda encontrando pessoas que queriam fotos e autógrafos...

Por que contei isso? Porque observei as reações dele naquele momento de pressão, em que precisava ir ao banheiro, entrar em outra sala para palestrar para mais 300 pessoas e, mesmo assim, ao ser abordado, não fez cara feia, não reclamou, não disse que não podia, pelo contrário, sorriu, tirou fotos, deu autógrafos e seguiu.

Aprendi muito sobre generosidade, disposição e humildade naqueles poucos passos, nunca mais me esquecerei daquela lição.

Passei por várias outras experiências, como ficar sem graça ao ser servido por eles de água ou café, ao receber apoio, ao receber opiniões em algumas dúvidas, e tudo isso por pura generosidade e vontade de compartilhar, pois não sou famoso, não sou dono de programa de TV nem sou um bilionário de algum setor. Recebi, porque tenho certeza de que identificaram que meu propósito era legítimo, que ia ao encontro do que eles também têm, que é o desejo de inspirar as pessoas e compartilhar com elas.

Eduardo, ninguém o decepcionou?

Bom, se consegui entrevistar todos os que desejava, claro que não. Se poderia ter entrevistado mais pessoas, sim, mas algumas, poucas, recusaram-se, de forma bastante educada ou de forma bastante arrogante, para minha surpresa, mas, claro, foi maravilhoso. Passei a valorizar as que valorizaram minha jornada. Pude, de fato, constatar quem fala que faz, mas, na verdade, não faz. Pude ver pessoas com agendas apertadíssimas, cheias de compromissos, que fizeram o possível para viabilizar a entrevista. São elas que quero ressaltar.

Receber não faz parte da vida. Deparar-se com desafios é normal. O que você não pode é se paralisar no primeiro não ou desafio. É persistindo que se chega a algum lugar e é fazendo e aprendendo que se vai mais longe. Isso também é lição de todos os que conheci pessoalmente, a quem entrevistei e dos quais li as biografias ou conheci as histórias.

Importante:

- Generosidade.

8 Extraordinários exercem liderança

> *Líderes incríveis saem da sua rotina para melhorar a autoestima de sua equipe. Se as pessoas acreditam em si mesmas, é incrível o que elas podem conquistar.*
> Sam Walton

Não há dúvida de que todos os extraordinários exercem liderança de alguma forma. Seja pelo impacto que seu negócio cause em uma área ou na vida das pessoas e de uma comunidade, seja pela maneira como buscam inspirar outras pessoas com suas ações, é inegável que exercem muita influência e, assim, liderança.

A grande questão é que eles sabem que suas atividades e suas condutas podem gerar grande impacto nas pessoas e se preocupam em fazê-lo da forma mais positiva possível. Vejo que lideram primeiramente a si mesmos, pois têm cuidado no modo como se portam e se expõem, além disso, sempre estão se preparando, nunca perdem a oportunidade de aprender mais.

Existem algumas características fundamentais em comum nos líderes históricos e todos os que exerceram ou exercem uma liderança extraordinária, foram ou são mestres nelas. Por exemplo, a capacidade de evidenciar um *propósito*. Como já descrito neste livro, o propósito é um *porquê*, um objetivo, uma meta, algo a ser alcançado.

Sem dúvida, os extraordinários conseguem evidenciar o que precisa ser feito, como precisa ser feito e quais caminhos devem e podem ser trilhados para que todos alcancem êxito.

Desse ponto de vista, de que é preciso evidenciar um propósito, a outra característica que sobressai é a capacidade de relacionamento com as pessoas. A capacidade de se *relacionar* com colaboradores, parceiros, clientes e demais pessoas é incrível nos extraordinários. Estudei e estudo muito o assunto liderança e vejo que vários líderes de grande capacidade de relacionamento com equipes e parceiros obtêm grande sucesso em suas jornadas. A capacidade de se relacionar não é apenas a de dar bom-dia, ser gentil, tratar todos com educação e respeito, mas a de, uma vez próximos das pessoas com quem trabalham, saber relacionar as competências e capacidades de cada indivíduo com as atribuições e funções em que esse indivíduo poderá alcançar mais satisfação e grande desempenho. Os extraordinários agem de forma inteligente, pois sabem reconhecer as pessoas em todos os sentidos e, assim, podem resolver algumas questões nas demandas e aspirações da empresa e também dos colaboradores.

A liderança se faz por meio de relacionamentos. Se você não se dedica às pessoas e à construção de conexões e relacionamentos saudáveis com elas, você não pode liderar de forma extraordinária.

Outra característica evidente, que considero extremamente importante, é a *integridade*. Ela é indispensável nas relações de trabalho e na sociedade toda.

Não é comum seguir alguém que não demonstre integridade, respeito e ética para com as pessoas, sejam elas colaboradoras, clientes ou parceiras de qualquer natureza. Má conduta, uma palavra malcolocada, um destrato ou descaso com alguém podem gerar um impacto negativo tão grande a ponto de acarretar a perda total de confiança, pois, se você responde mal a um colaborador, cliente ou parceiro, na frente de outros colaboradores, clientes ou parceiros, isso gera um efeito parecido com o causado quando jogamos uma pedra em um lago, a pedra cai e gera ondulações, que vão se expandindo.

Aprendi muito com os líderes que tive, com os excelentes e também com os ruins. Os ruins me ensinaram tudo o que eu não deveria ser, como eu não poderia me conduzir.

Lembro-me de vários casos ruins, infelizmente. Eu era supervisor de operação em uma empresa. Meu chefe chegava ao trabalho, passava por várias pessoas – por colaboradores e supervisores diretamente geridos por ele –, mas não se importava em dar bom-dia. Simplesmente, passava. Porém, quando recebíamos visita dos gestores a quem ele respondia, tudo mudava. Ele conduzia os gestores por toda a operação, cumprimentava todos, distribuía sorrisos, tapinhas nas costas e elogios, pois costumava dizer que a gestão de pessoas se faz com proximidade. Ou seja, todos sabíamos que aquilo era só discurso, que apenas se concretizava nos momentos das visitas de seus superiores.

Aprendi que a integridade está no acordo entre aquilo que se diz e aquilo que se pratica. Para minha alegria, todos os extraordinários com quem pude falar e que pude ver em ação demonstram esse acordo entre discurso e prática. Vi condutas irem além do que eu esperava, vi a preocupação com as pessoas e o valor que eles dão às relações de trabalho e parceria.

Eu teria de escrever um livro maior para relatar todos os exemplos de valorização de pessoas e condutas inspiradoras que testemunhei, então, quero deixar registrado que todos apresentaram essas características que mencionei, entre tantas outras, também imprescindíveis para liderar de forma extraordinária.

Reflexões

- A primeira pessoa que você lidera é a si próprio. (John Maxwell)

- Um líder é alguém que sabe o que quer alcançar e consegue comunicá-lo. (Margaret Thatcher)

- Um líder não é alguém a quem foi dada uma coroa, mas a quem foi dada a responsabilidade de fazer sobressair o melhor que há nos outros. (Jack Welch)

- O líder, nesse ambiente de negócios, não pode ter sucesso sem construir relacionamentos. (Ram Charan)

- Integridade é a base da confiança, que *não é tanto um ingrediente da liderança*, mas um produto dela. É a única qualidade que não pode ser adquirida, mas deve ser conquistada. É concebida por colaboradores e adeptos e, sem ela, o líder não existe. (Warren Bennis)

- A confiança é a chave da liderança. Carisma, conhecimento, poder, *status*, personalidade, simpatia e muitas outras coisas podem abrir muitas portas, mas, em liderança, somente a transparência, o caráter e a integridade as manterão abertas, porque esses são os únicos comportamentos capazes de estabelecer relacionamentos de confiança entre as pessoas. (Stephen Covey)

- Liderança é ação e não posição. (Donald McGannon)

9 Extraordinários são inconformados

> *A insatisfação é o primeiro passo para o progresso de um homem ou de uma nação.*
> Oscar Wilde

Tudo o que foi inventado até hoje, e creio que tudo o que ainda será, foi pensado sobre necessidade própria ou necessidade social. Produtos, serviços, não importa, o que importa é que alguém se sentiu inconformado com algo e acabou pensando, planejando, ordenando as ideias, as ações e pondo a mão na massa para fazer!

Conformar vem do latim *conformo,as,āvi,ātum,āre*, "dar uma forma, formar" (fonte: Houaiss). Alguém conformado é alguém que aceita uma adversidade sem se opor: conformou-se, ficou com determinada forma, não vibra mais, acha que tudo está bom como está e que nada pode ser feito para melhorar. Ninguém, absolutamente ninguém, conformado foi capaz de mudar as coisas, capaz de criar algo que ajudasse a si mesmo ou que colocasse a sociedade no caminho do progresso.

Você avança naquilo a que é exposto. Isso não quer dizer que, se você nasceu em uma condição precária de dificuldade, vá se conformar, ficar com o modelo mental de fracassado, sem oportunidades, sem futuro. Você pode se inconformar e agir para mudar. Expor-se a companhias melhores, mentes melhores. Buscar conhecimento, educação e outros meios de mudança. Situação ou condição não significam condenação, sentença de que nada pode ser feito, e aceitação do que ocorre. Situação e condição podem ser alteradas pelo esforço, pela determinação, pela força e pela busca do melhor. É preciso ter uma paixão louca por vencer, por sair das estatísticas que convidam à aceitação daquela situação ou condição. O querido amigo Eduardo Lyra diz que "não importa de onde você vem, mas, sim, para onde você vai na vida".

Ao falar com os extraordinários, pude ver um pouco de suas realidades. Vi que não usam negatividade para viver, não se prendem a crises, a dificuldades. *Não que ignorem o que* aconteceu ou esteja acontecendo, mas simplesmente não aceitam a conversa de que as coisas estão assim ou são assim e nada pode ser feito. Eles encaram as coisas como elas são e se movem para resolver, solucionar, criar oportunidades e situações de progresso. *São mentalidades condicionadas a buscar o melhor.* Alguns faliram empresas, até mais de uma vez, reergueram-se, arregaçaram as mangas, não se dobraram e continuaram, ainda mais fortes e mais sábios. Independentemente de serem donos de empresas ou exemplos sólidos em suas profissões, nenhum tolera dar desculpas para não agir para o progresso. Creio que cada um dos extraordinários fez dos dizeres de nossa bandeira nacional – "Ordem e Progresso" – um mantra, uma lei em suas vidas. Sempre que algo sai da ordem, eles se apressam em ordenar as coisas e, em tudo, buscam olhar para onde podem encontrar progresso. Para suas vidas, querem ordem e progresso. Em seu trabalho, em suas famílias, para seus colaboradores ou parceiros de negócios, seguem esse rumo, firmes em seus propósitos.

Li diversas biografias, falei com grandes profissionais, entrevistei-os, observei-os e nada foi *tão incrível quanto ver a paixão* que emana deles. A paixão os faz seguirem inconformados, buscando sempre mais,

mais ordem e mais progresso. Todos eles trabalham pelo bem comum, trabalham para inspirar e ajudar, seja como for, mais e mais pessoas.

Por isso, são o que são, *extraordinários, pessoas que vão além do óbvio.*

Um comercial da Apple

- "Here's to the crazy ones" ("Isto é para os loucos"), de 1997, o primeiro comercial a usar o *slogan* "Think different" ("Pense diferente") da Apple diz o seguinte: "Isto é para os loucos. Os desajustados. Os rebeldes. Os criadores de caso. As peças redondas nos buracos quadrados. Os que veem as coisas de forma diferente. *Não gostam de regras. E não têm nenhum respeito pelo* status quo. Você pode citá-los, discordar deles, glorificá-los ou difamá-los. Mas a única coisa que você não pode fazer é ignorá-los. Porque eles mudam as coisas. Eles empurram a raça humana para frente. E embora alguns os vejam como loucos, nós os vemos como gênios. Porque as pessoas que são loucas o suficiente para achar que podem mudar o mundo são as que, de fato, o mudam".

Conclusão

Muitas vezes, olhamos para os extraordinários e pensamos que foi do dia para a noite que conseguiram alcançar o sucesso, por golpe de sorte; ou dizemos que são gênios favorecidos por genética ou condições melhores de estudo, por relações sociais ou qualquer outra coisa do gênero. Na verdade, não é genética melhor ou algum outro fator. A verdade é que os extraordinários decidem fazer algo de suas vidas, de seus propósitos. Não aceitam "nãos" nem se abatem com eles, e isso é questão de atitude.

Os extraordinários tomam decisões melhores, avaliam a realidade como ela é e não como gostariam que fosse. Nesse ponto, agem para transformar em realidade seus propósitos, buscando referências estratégicas e conhecimento para executar as coisas da melhor forma. São inconformados com atitudes mesquinhas e com desrespeito ou qualquer ação que diminua as pessoas. Uma vez tendo alcançado sucesso em um projeto ou propósito, não se conformam em fazer só o possível, buscam fazer o melhor, a fim de beneficiar ainda mais as pessoas, suas carreiras e seus negócios.

Os extraordinários entendem o valor da família, a deles e a dos demais. Enxergam o sucesso de forma diferente, pois não buscam apenas, como propósito principal, o dinheiro. Entendem o sucesso como fazer de forma extraordinária o que se propõem a fazer, por isso, são líderes, influenciam as pessoas e sempre fazem questão de afirmar que todos podem alcançar o sucesso, que todos podem realizar seus propósitos.

Eu acredito neles e em você!

Um grande e carinhoso abraço.

EXTRAORDINÁRIOS
PESSOAS QUE VÃO ALÉM DO ÓBVIO

ENTREVISTAS

Alexandre Won

Fundador e proprietário da marca de roupas que leva seu nome. Após enfrentar a dificuldade de encontrar roupas feitas exclusivamente para ele, que se ajustassem como desejava, imaginou que outras pessoas também passavam pelo mesmo problema. Viu ali uma oportunidade e passou a produzir roupas masculinas segundo o conceito *bespoke*. Nunca tinha feito nenhum curso na área, porém, sempre fora apaixonado por moda, arte e trabalhos manuais. Assim, surgiu a ideia de abrir uma alfaiataria, que hoje atende a diversos clientes, incluindo famosos e influentes.

Quando surgiu a ideia de trabalhar com alfaiataria?

Quando comecei a trabalhar com Direito, em 2003, se não me engano.

Sempre fui muito preocupado com formas, simetria nas roupas, e não conseguia encontrar ninguém que me atendesse como eu queria. Experimentei todas as marcas que você possa imaginar. Uma das minhas últimas experiências foi com uma camisaria que muita gente usava. Lá fiz dez camisas e cinco calças para trabalhar. Essas peças foram e voltaram umas cinco ou seis vezes, sem conseguir corresponder às minhas expectativas, até que o dono me ligou e disse que não continuaria a me atender, não me devolveria o dinheiro e que eu fizesse o que eu quisesse com as peças. No meio de toda minha indignação, percebi que o mercado é carente, não entende que cada um é um indivíduo e quer roupas individuais, exclusivas. Então, como sempre tive muita facilidade para desenhar, pintar, recortar, enxergar formas e proporções, sem precisar de régua e medidas, comecei a fazer. Montei um ateliê, comecei a fazer roupas para os amigos e, aos trancos e barrancos, dando cabeçadas e enfrentando dificuldades, fui evoluindo e sempre querendo chegar à excelência.

O que o move?

Primeiro, o desafio, pois tudo o que faço é um desafio novo e sou movido por isso. Preciso ter algo para evoluir, para melhorar, para ter interesse no que eu faço. Já pinguei em vários empregos, pensei em fazer várias faculdades, porque tudo se encaixava em um modelo para mim muito fechado, muito monótono, tudo já tinha uma receita pronta e não era isso o que eu queria. Então, o que me deixa muito feliz com o meu trabalho hoje é poder trabalhar com pessoas diferentes, encarar o desafio de atender às expectativas das pessoas, que a cada dia ficam maiores, até pelas referências que já veem em nossa marca: sempre tecidos novos, linhas, maquinário, tudo gira muito rápido, nada é igual ao que já foi feito. Gosto dessa coisa de superar, de fazer algo bonito, dar alegria. Isso é o que me deixa feliz para continuar a fazer esse trabalho.

Como vê o futuro da alfaiataria?

O futuro da alfaiataria, a essência da alfaiataria, ou seja, o significado de *bespoke*, do sentido de ser exclusivo, individual, feito para cada pessoa, singular, eu vejo que pode deixar de existir. Por conta da *fast fashion*, dessa coisa de preço, de ter o resultado imediato, pois o que eu faço é um trabalho de formiguinha, peça por peça, totalmente artesanal. Não tem reposição de mão de obra para isso. Os jovens hoje não pensam que existe esse mercado. As meninas e os meninos não pensam em sentar em uma máquina de costura, trabalhar no acabamento de uma peça, participar de um processo de montagem. Já querem virar estilistas, desenhar, sem saber o básico. Sumiu da cabeça das pessoas a parte do processo de montagem das peças, ainda mais um processo de montagem individual, peça a peça, que requer muita atenção, dedicação e muito capricho, paciência. Então, é algo que está desaparecendo. Os alfaiates velhinhos estão morrendo, e mesmo eles não têm uma visão tão atualizada sobre moda, tecnologia e modelagem. Eles não acompanham isso, têm um padrão e o seguem. Acho que, infelizmente, sem ensinar alfaiataria, sem mostrar que é uma bela profissão, que é rentável, acredito que ela suma.

Quem foi ou é uma inspiração para você?

A minha mãe. Ela é uma pessoa trabalhadora, não tem preguiça, sempre a vi acordar muito cedo, preparar café para os filhos, levar todo mundo para a escola, depois ir trabalhar. À noite, ficava com a gente, cobrava lição, sempre cuidando de tudo com muito capricho, sem fazer nada mais ou menos, sempre buscando fazer tudo com excelência. A gente cresceu vendo isso. Fomos educados dessa forma, então, sem dúvida, é a minha mãe.

O que é sucesso para você?

Sucesso é fazer o que se gosta, ser dono do seu tempo fazendo o que gosta. Ter o reconhecimento dos seus clientes e das pessoas que o acompanham.

Qual foi o momento mais difícil?

O início é muito difícil. Meu pai chegou a me dizer para fechar meu negócio, que eu estava perdendo tempo, para eu voltar para o Direito. Dificuldade financeira, dificuldade em conseguir clientes, dificuldade de montar uma equipe – o começo é muito difícil. Comecei sem apoio nenhum, financeiro, de pessoas, nada. Eu fazia estágio e ganhava R$ 600,00 por mês. Tive de começar com esse dinheiro. Na época, minha namorada, que hoje é minha esposa, ajudava bastante. Ela pagava o salário dos funcionários com o salário dela. Ela me ajudava, mas até ela, em determinado momento, falou para eu desistir, porque não dava mais. Mas eu insisti, pois disse que era algo de que eu gostava, algo bonito e que ia dar certo. Então, foi cabeçada atrás de cabeçada, balde de água fria em cima de balde de água fria. O começo foi bem difícil mesmo.

Como superou esse momento difícil?

Acreditando! Se eu não acreditasse sempre, já teria desistido. Não me vejo fazendo outra coisa, eu gosto e acredito.

Qual dica daria aos que alimentam um sonho?

Todo processo de crescimento e desenvolvimento é um processo doloroso. Se você não acreditar, não tiver fé e não fizer o que gosta mesmo, nada vai dar certo. Nada é fácil hoje, a concorrência está aí, muita gente boa e competente, então, você precisa fazer muito bem o que faz, nunca se acomodar, achar que já é bom, que não tem mais nada a aprender. Você sempre pode aprender algo novo.

Rápidas

Livro ou livros favoritos?
O poder do hábito.

Filme?
Forrest Gump.

Uma frase?
Não podemos ser o que queremos ser, pois o que queremos ser queremos sem ter sido no passado.

Hobby?
Moto.

Crê em Deus?
Muito. Converso muito com Deus.

Medo?
Acontecer algo ruim com alguém de que eu goste muito.

Família?
A coisa mais importante que existe.

Educação?
Essencial, é algo que promove o crescimento. Uma pena a situação do Brasil. Eu vejo a situação da Coreia do Sul, que investiu muito em educação. Meus pais são coreanos. Morei lá em 2003. É impressionante a diferença. O pessoal investe, respeita e vê o crescimento que isso traz. Aqui é triste. Não só a educação escolar, mas do respeito com o outro. A falta de educação leva à maldade.

Brasil?
Adoro o Brasil, mas o problema é a política do país. Mas o Brasil é incrível, o povo, o clima. Hoje, eu mudaria do Brasil por duas razões: segurança e educação para minhas filhas. Fora isso, não sairia de forma alguma.

Bel Pesce

Empreendedora e fundadora da escola FazINOVA, da Enkla Editora, da Agência Figurinhas e da BeDream.me, uma *start-up* de tecnologia que oferece novas possibilidades para que as pessoas encontrem ferramentas, conteúdos e parcerias em direção aos seus sonhos. Estudou no Massachusetts Institute of Technology (MIT). Durante a faculdade, trabalhou na Microsoft, no Google e no Deutsche Bank e fez vários cursos: engenharia elétrica, ciências da computação, administração, economia e matemática, além de cursar programas de liderança e inovação. Foi considerada uma das "100 pessoas mais influentes do Brasil", pela revista *Época*; eleita um dos "30 jovens mais promissores do Brasil", pela revista *Forbes Brasil*; e, ao lado de grandes nomes, como Barack Obama, Bill Gates e Jorge Paulo Lemann, entrou na lista dos "10 líderes mundiais mais admirados pelos jovens", pesquisa realizada pela Cia de Talentos. Bel também foi vencedora do Women's Initiative Awards, e trouxe para o Brasil, pela primeira vez, o renomado prêmio da Cartier que avalia projetos de mulheres empreendedoras de todo o mundo.

Sêneca, escritor e filósofo romano, nascido no território da atual Espanha, disse: "Muitas coisas não ousamos empreender por parecerem difíceis; entretanto, são difíceis porque não ousamos empreendê-las". É isso mesmo, a coragem é aliada do sucesso?

Muitas pessoas acham que a ordem das coisas é primeiro ter coragem para depois realizar projetos. E muitas vezes acham que coragem é sinônimo de ausência de medo. Não é bem assim. Na verdade, quem empreende cria projetos e negócios mesmo quando tem medo. O importante é encontrar uma estrutura para dar o primeiro passo e aprender com cada experiência; assim, conforme a pessoa dá mais passos e avança no projeto, o medo vai diminuindo. Isso significa que não preciso necessariamente ser corajoso. Normalmente é o contrário: eu faço mesmo com medo, mas, ao fazer, vejo que alguns passos são possíveis e isso me traz coragem para continuar. Compreende a sutileza? A coragem vem do fazer, não é o fazer que vem da coragem. Isso é a primeira coisa. O segundo ponto é que o empreendedor às vezes é um pouco utópico. Não que isso seja um defeito, mas ele tem que correr atrás de produtos e serviços que supram uma necessidade real. Muitas vezes, o empreendedor crê, para depois ver; ao contrário de algumas pessoas que veem e depois acreditam. O empreendedor precisa ter uma crença muito grande em seu projeto, mas tem que ser algo que possa realmente beneficiar as pessoas, que possa agregar valor às pessoas. Nesse sentido, eu acho que a coragem é aliada do sucesso, mas a coragem vem do pôr a crença em ação. A ação é a chave do sucesso e muitas vezes você precisa ter certo campo de distorção da realidade para crer em alguma coisa que ainda não existe e realizá-la. Steve Jobs falava bastante disso; ele tinha uma maneira de crer no impossível, só que ele acreditava tanto no impossível e agia em direção ao isso, que contaminava todos ao redor. Quando tinha uma equipe muito focada em trabalhar pelo impossível, aquele impossível virava possível, uma distorção da realidade virava algo real.

O que a move?

Sou uma apaixonada por criar produtos e serviços que toquem as pessoas positivamente. Eu sempre gostei muito de tecnologia, de criar produtos e serviços. E também sempre gostei muito de pessoas, de conhecer suas histórias e seus sonhos. Nada me move mais do que ver que o meu trabalho, de alguma forma, está fazendo com que as pessoas despertem para o seu melhor, inclusive tocando a vida de outras pessoas e seguindo na direção de seus sonhos. É isso que me faz ter uma energia infinita. A minha energia vem de perceber que, com o meu trabalho, com aquilo que eu faço e que amo tanto, posso transcender minha própria vida e tocar outras vidas, que também vão tocar outras vidas. É como se fosse um ciclo positivo que faz com que mais pessoas encontrem seus propósitos, encontrem seus objetivos e trabalhem muito duro por eles.

MIT, FazINOVA, você nunca pensou pequeno. É esse o segredo?

Eu acho que todo passo conta. De maneira alguma podemos desvalorizar um passo da nossa vida. Ao mesmo tempo que penso grande e tenho algumas ambições, eu planejo um passo atrás do outro e executo um de cada vez. Não adianta pensar grande e ficar esperando algo acontecer, você vai ter que trabalhar muito para conquistar o que deseja. Na minha opinião, é importante pensar grande, mas isso por si só não basta. Não acredito muito em "segredo", mas sim em trabalhar pesado para que cada passo se some ao anterior e dê magnitude àquilo que você deseja. Nesse sentido, o "segredo" está muito mais em trabalhar, focar a ação e desenhar algo que garanta que o passo seguinte dê novo impulso ao passo anterior. Claro, você pensar grande é muito legal, assim você vê coisas que talvez não visse se tivesse um horizonte restrito, mas não subestime a importância de cada pequeno passo na sua vida.

O que é sucesso para você?

Cada um tem seu conceito de sucesso e, inclusive, a mesma pessoa pode ter mais de um conceito. Para mim, sucesso na vida pessoal é que meus futuros filhos tenham orgulho das pessoas que se tornarem. Já o sucesso na área profissional tem a ver com tocar vidas, e quanto mais vidas eu tocar positivamente, melhor. Essa é a métrica do sucesso profissional de acordo com a qual vivo hoje e é o que eu almejo também no longo prazo.

Quem foi ou é uma grande inspiração?

Tenho uma lista vasta de inspiração. Algumas pessoas já morreram, como Walt Disney e Ayrton Senna, que me inspiram diariamente. Existem outras pessoas que tocaram muito minha vida e foram cruciais para que eu conseguisse crescer como pessoa, como ser humano, como profissional. O Edmilson Mota, diretor da escola onde estudei, o Etapa, mudou totalmente a minha vida, pois acreditou em mim de uma forma única. O Reinaldo Normand é um dos meus maiores mentores do Vale do Silício, me ajudou demais e abriu minha cabeça para muitas coisas. O Flávio Augusto, grande empreendedor, também é um grande mentor. Pessoas que eu ainda não tive a chance de conhecer também me inspiram muito, como Elon Musk.

Qual foi o momento mais difícil de sua trajetória?

Cada momento e cada conquista, por melhores que sejam, possuem dificuldades e vejo até certa graça nisso. Assim como os bons jogos são feitos de uma série de dilemas interessantes, uma vida interessante também é feita de dilemas, de conflitos. Obstáculos durante a trajetória nos fazem crescer, nos fazem aprender, e isso é muito importante. Quando enfrentamos problemas e os superamos, muitas vezes, com o passar do tempo, perdemos a noção da magnitude daquela dificuldade; é algo natural, pois o momento já passou. Mas sempre faço um exercício de olhar para os obstáculos superados e lembrar o quanto custou a conquista. O meu momento mais complicado foi quando eu estava prestando o MIT. Mas também enfrentei dificuldades quando quis fazer estágio na Microsoft, quando quis abrir uma empresa no exterior, quando voltei para o Brasil e quis abrir uma empresa aqui. Para mim, outro ponto delicado é lidar com pessoas ingratas, pessoas nas quais você acreditava, confiava, e que agem de uma maneira que você não espera. Lidar com pessoas assim é realmente muito difícil; chego a ficar descrente do mundo por alguns minutos. Mas não deixo isso me tirar do meu centro, sou resiliente, e quando esse tipo de situação acontece eu procuro vivenciá-la e tirar dela algum aprendizado, resolvê-la e voltar logo para minha missão. Sem dúvida, ter de lidar com a ingratidão é sempre o mais difícil para mim.

Qual dica dá aos que alimentam um sonho?

Todos nós deveríamos alimentar um sonho, mas não de maneira utópica, e sim com os pés no chão. E não adianta somente sonhar, é preciso desenhar um plano para alcançar aquele sonho. Às vezes querem lhe vender uma história de que sonhos acontecem da noite para o dia e que têm a ver com sorte, o que não é para todo mundo, mas sonho não tem absolutamente nada a ver com isso, e sim com trabalhar muito pesado para atingir os objetivos. O sonho é muito mais um passo atrás do outro do que uma história linda de sucesso imediato. Essas histórias podem fazer você entender que, se encontrar o sonho "certo", vai ser fácil; mas você já está perdendo seu sonho aí, porque isso não será realizado de maneira alguma. Então, se você alimenta um sonho, ótimo; planeje, trabalhe pesado em cima dele, saiba que é difícil e que exigirá muita dedicação. Por isso, alimente um sonho que lhe pareça valer a pena e aguente todos os perrengues para alcançá-lo, porque não vai ser fácil.

Você acredita que o modelo universitário americano de não precisar escolher um curso fechado e, assim, conseguir vários diplomas, em vez de um diploma só, foi fundamental para você?

A experiência no MIT foi única para mim. Ter a oportunidade de explorar diferentes cursos ao mesmo tempo e assim poder, já sabendo o que eu queria, aprender a programar, mergulhar no mundo da economia, estudar administração, descobrir mais sobre empreendedorismo, foi algo que mudou muito a minha vida. Acho que temos um modelo educacional hoje em dia que não mapeia a vida individual, por isso ele ensina coisas que não necessariamente o "linkam" ao que é mais importante para a sua vida. Isso é um problema. Quando olho para trás e tento entender quais foram as coisas que mais me ajudaram a abrir portas, percebo que as habilidades comportamentais foram essenciais. Não que o resto não seja importante, mas saber lidar com pessoas, ter bons valores para perpetuar e conseguir negociar de uma forma que todos ganhem faz toda a diferença. E para lidar bem com os outros, para conseguir ser mais produtivo, é preciso primeiro se autoconhecer. Por isso fundei a FazINOVA: ela vai ao encontro exatamente dessas coisas. Então, a experiência em uma universidade americana foi fundamental sim, porque é um modelo mais atual de ensino que leva em conta que, na vida, você vai precisar continuar aprendendo e por isso os currículos não precisam ser fechados. Afinal, não existe isso de "conteúdos que você aprende durante a faculdade você aprendeu para sempre"; a educação continua e o aprendizado é constante.

Você é uma realizadora. O que você acredita ser fundamental para que algo deixe de ser sonho e passe a ser realidade?

Primeiro você tem que descobrir o que você quer de verdade. Tem que entender os seus porquês, pois há muita distância também entre o que você quer e o que acha que quer. Então o primeiro passo é descobrir o que você quer de verdade, por que realmente quer aquilo e o que já tem e pode usar hoje para abrir portas para o impossível amanhã. Em seguida, é preciso baixar a cabeça e trabalhar. Além disso, cercar-se de pessoas que acreditem nos mesmos propósitos que você e trabalhar com elas.

Rápidas

Livros?
Adoro ler e tenho muitos livros. Gosto principalmente dos que são baseados em histórias reais e indico dois: *Oportunidades disfarçadas*, de Carlos Domingos, e *Perdendo minha virgindade*, que é a história de Richard Branson.

Filmes?
Gosto muito de filmes antigos, de filmes com mudanças totais, em que você sente uma coisa num momento e depois suas emoções mudam completamente. Gosto de grandes reviravoltas, pois acho que isso tem muito a ver com a vida, já que as coisas não são preto no branco. Um filme de que gosto muito é *Colateral*, com o Tom Cruise. Além dele, também o *Sunset Boulevard: Crepúsculo dos deuses* e o *8½*. Mas como gosto muito de animação e amo as obras da Pixar, os meus filmes favoritos são *Toy Story* e *Divertida Mente*.

Hobby?
Conhecer gente e aprender coisas legais. Gosto de aprender constantemente. Aprender a desenhar, a correr. Gosto também de desafios, então quem me conhece sabe que a cada dia eu invento uma coisa diferente para aprender. Gosto de me surpreender, de conseguir fazer cada vez mais coisas e até mesmo mergulhar naquilo que outras pessoas vivenciam e em que acreditam para entendê-las um pouco mais.

Medo?
Acho que o medo é necessário para você conseguir calcular seus riscos. Além disso, o fato de você conseguir fazer as coisas mesmo com medo pode abrir portas para muitas oportunidades.

Família?
Família é a base de tudo, independentemente do quão difícil seja sua situação familiar. Há desafios muito grandes no que diz respeito à família, mas família é sangue, família é a estrutura, e até mesmo grandes diferenças entre familiares o ajudam a aprender a lidar com outras pessoas.

Educação?
Educação para mim é a maior ferramenta de transformação do mundo, e é por isso que eu dedico minha vida a isso.

Viagem marcante?
São tantas que fica difícil escolher. Eu vim de família supersimples, mas nos últimos anos acabei criando projetos fora. Visitei mais de 40 países e essas viagens me marcaram muito, muito mesmo. Os sete anos que morei nos Estados Unidos me marcaram bastante, e mesmo a mudança de volta para o Brasil. Mas o que, em geral, me marca numa viagem são as pessoas que eu conheço por lá, os sentimentos que tenho durante o percurso e os aprendizados que trago de volta comigo. É raro uma viagem da qual eu fale: Minha nossa, era um lugar lindo! É raro a beleza de um lugar me marcar, o que me marca mesmo é a sensação que me trazem as pessoas novas com as quais interagi durante a viagem. Uma viagem inesquecível, aliás, duas, foram dois *tours* ao redor do Brasil ministrando palestras; a oportunidade de falar em cada capital do Brasil me tocou muito.

Música?
Amo música, acho que música é uma ferramenta de transformação, pois tem o poder de despertar sentimentos muito poderosos nas pessoas. Eu até enrolo um pouco em alguns instrumentos e também aprendi a compor.

Brasil?
Eu amo o Brasil. Depois de sete anos morando nos Estados Unidos eu já estava estabelecida e seria mais fácil ter ficado por lá, mas eu quis voltar. Eu tenho uma paixão pelo Brasil que é difícil de explicar. Mesmo no tempo em que eu estava fora, não perdia o pontinho verde e amarelo. Toda vez que eu vou para o exterior sinto esse pontinho verde e amarelo, sinto o sangue verde e amarelo pulsando em minhas veias, mas sei também o quanto a gente precisa crescer como país e às vezes tenho uma sensação de impotência em relação a isso. Nunca fui para o lado político porque acredito que a maior mudança que posso oferecer está em ser uma empreendedora que toca a vida das pessoas, mas eu gostaria muito de influenciar positivamente, de uma forma ou de outra. Também temos aqui a enorme burocracia, algumas regras que considero totalmente sem sentido. Mas eu amo este lugar e amo trabalhar para tentar solucionar os desafios que existem no meu país.

Política?
Política, na utopia, parece uma coisa linda, você ser a pessoa que vai governar e vai tocar todo um país. Mas, na prática, política vira algo em que as pessoas se posicionam a favor ou contra um partido, vira paixão, vira falta de razão, sobretudo na nossa atual conjuntura histórica. Eu não tenho partido, meu partido é o

Brasil, meu partido é a luta contra a corrupção e a necessidade de punição para aqueles que são injustos e que fazem nosso país ser pior. Às vezes, sinto-me impotente em relação a esse fato, por isso acredito que precisamos de uma limpeza na política; é preciso acabar com a corrupção e com a impunidade. Mas a minha maior contribuição para a política é mostrar o que é possível realizar mesmo em meio a todo esse caos e espero que pouco a pouco isso faça com que tenhamos uma massa crítica capaz de pressionar mudanças mais estruturais e mais complexas.

Carlos Wizard Martins

Professor, empreendedor e empresário, escritor, fundador do Grupo Multi Educação e da escola de idiomas Wizard. Em 2014, vendeu sua parte no grupo Multi para a Rede Pearson. No mesmo ano, comprou a Mundo Verde, franquia de produtos naturais.

Como foi vencer as vozes dos que diziam para o senhor não se arriscar abrindo uma escola de inglês?

Todo empreendedor enfrenta uma série de dificuldades, barreiras e desafios, e um deles (talvez o primeiro) são as palavras negativas e desanimadoras do que eu chamo de "matadores de sonhos". Pessoas que não têm coragem suficiente para enfrentar riscos e sugerem o mesmo aos outros. A fé em Deus e o apoio da minha esposa foram fundamentais para vencer essas barreiras e não desistir de um sonho.

Conte para nós o percurso do sonho da criação da Wizard até a solidificação do grupo Multi Holding.

Depois de me formar, recebi uma proposta de emprego na Champion International, uma indústria de papel e celulose localizada em Cincinnati, Ohio. Após estagiar por um ano na sede da empresa, fui transferido para Mogi Guaçu, em São Paulo, para seguir carreira executiva. Na mesma empresa de papel e celulose, um dia, um colega me pediu para dar algumas aulas de inglês à noite. Aceitei o convite e passei a trabalhar durante o dia na empresa e lecionar inglês à noite. Foi assim que nasceu a primeira escola Wizard no Brasil, hoje, a maior rede de escolas de idiomas do mundo, com mais de 1.200 escolas em todos os estados brasileiros e em dez países. Logo percebi que a educação era minha paixão e que esse setor tinha muito potencial de expansão e crescimento. Com a Wizard consolidada, espalhada por meio de franquias por todo o Brasil, a partir de 2004, com a estratégia empreendedora de meus filhos mais velhos, passamos a adquirir redes de ensino de idiomas e, mais tarde, redes de ensino profissionalizante. Atualmente, fazem parte do grupo Multi as marcas Wizard, Yázigi, Skill, Microlins, People e S.O.S. Em 2011, identificamos uma oportunidade no ensino de português e matemática como reforço escolar para alunos do ensino fundamental e, então, criamos a rede Smartz, que atua no setor de microfranquias, atualmente com 50 unidades de ensino.

O que o move?

O verdadeiro sucesso acontece quando conseguimos ajudar outros a alcançar o sucesso.

O que é sucesso para o senhor?

Essa é uma pergunta que não tem uma resposta única, fácil e simples. Costumo dizer que o sucesso acontece quando a preparação encontra a oportunidade. Mas você só pode dizer que obteve algum sucesso quando sentir que alcançou o objetivo que desejava. Há dois grandes objetivos na vida: um é conseguir o que se deseja, o outro é desfrutar do que se alcançou. Somente pessoas que buscam um equilíbrio entre a vida pessoal, familiar e profissional alcançam esse estágio.

Quem foi ou é uma grande inspiração para o senhor?

Desde pequeno, ouvia minha mãe dizer: "Pense alto, pense grande, pense positivo". Ela dizia também: "Querer é poder". E seguia com: "Tudo o que você desejar na vida, você alcançará". Meu pai me ensinou o valor do trabalho e da integridade. Graças ao apoio incondicional que sempre tive de minha esposa, me transformei de desempregado em empresário bem-sucedido. Meus filhos são também uma grande fonte de inspiração, pois estão sempre trazendo uma nova visão empreendedora para os negócios. E eu não poderia deixar de reconhecer a influência positiva que recebi dos missionários mórmons que, desde a adolescência, me ensinaram inglês e, mais tarde, me ajudaram a estudar numa universidade americana. Sem aquele apoio inicial, não sei onde estaria hoje.

Qual foi o momento mais difícil de sua carreira?

Durante a caminhada em busca da autorrealização, passei por diversas provações, como falta de dinheiro, respostas negativas, tudo o que naturalmente faz parte do processo de expandir um negócio. Talvez, uma das maiores dificuldades tenha sido o lançamento de uma nova marca no mercado, em meio a tantos concorrentes, sem ter os recursos necessários para tornar a nova marca conhecida. Mais tarde, sofremos com o Plano Collor, que confiscou nossas contas bancárias e tivemos muitas dificuldades para honrar os compromissos já assumidos. Felizmente, superamos aquele momento traumático da economia brasileira e viramos a página.

Como superou aquele momento?

Creio que toda crise traz consigo um cenário de ameaça e de oportunidade. Naquela época, renegociamos dívidas, chamamos fornecedores, um deu a mão ao outro. Ao longo de minha trajetória, sempre confiei no projeto que estava desenvolvendo, confiei tanto nos fornecedores como nos parceiros franqueados, que representam a escola em todo o Brasil. Além disso, sempre tive uma fé muito grande em Deus. Descobri que quem leva uma vida de fé tem mais força interior, mais confiança, mais disciplina e perseverança. Todos são elementos essenciais para o sucesso em qualquer projeto.

Qual dica o senhor daria aos que alimentam um sonho?

Antes de tudo, é fundamental o autoconhecimento e saber que, mais importante do que o que acontece com você, é como você reage ao que acontece com você. Não podemos nos ressentir ao sermos criticados, pois, sem críticas, não há evolução. Procure ver cada situação negativa como uma oportunidade de aprendizagem e crescimento. Todos estamos sujeitos a erros e decisões equivocadas. Nesses momentos, temos a escolha de sofrer e nos sentir miseráveis ou de saber que temos limitações e que estamos num eterno processo de amadurecimento, pessoal ou profissional. Fé em Deus, força de vontade e pensamento positivo também são fundamentais para a realização de um sonho.

Rápidas

Livro favorito?
Sete hábitos de pessoas altamente eficazes.

Filme?
O mágico de Oz.

Uma frase?
Líderes fazem mais com menos.

Hobby?
Viajar.

Deus?
O poder que move o universo.

Medo?
Não valorizar o momento presente.

Família?
O bem mais precioso.

Educação?
O maior agente de transformação de um país.

Uma viagem marcante?
Havaí.

Mensagem final aos leitores?
Mais importante que a velocidade é saber que você está no rumo certo.

Cesar Romão

Escritor e palestrante renomado. Nascido na cidade de São Paulo, no bairro de Vila Prudente, em 24 de maio de 1959, na Clínica Infantil Ipiranga. Sempre foi apaixonado por escrever. Aos 13 anos, já tinha produzido textos sobre os mais diversos assuntos, assim como muita poesia, que está no livro *Emoções ainda existem*.

O senhor sempre alimentou o sonho de ser escritor ou tinha algum outro propósito?

Quando comecei a escrever, fazia como algo relacionado à paixão. Tinha, sim, o propósito de ser escritor. Pensei em seguir pelo caminho do escritor acadêmico, pois meu gênero era poético e com textos abstratos. Mas era necessário conseguir aprovação de alguns grandes nomes da época. Uma avaliação de Rinaldo Gissoni, em 1982, então presidente da Academia de Letras da Grande São Paulo, deu impulso ao meu estilo no mercado da poesia. Roque Luzzi, um importante poeta da época, também apoiou meu trabalho. O primeiro trabalho foi publicado pela editora Pannartz. Ainda hoje, a poesia tem um público restrito e pouco multiplicador. Sempre digo aos colegas poetas que, no Brasil, a poesia fica entre os poetas, que não são muitos. Meus três primeiros livros não venderam mais que 30 exemplares aos amigos que se aventuraram, só para me agradar.

O que o move?

A força que move meu coração é uma intuição dimensional, tenho falado muito sobre ela em minhas palestras. Ela me acompanha desde criança na busca de novos caminhos e na realização de meus objetivos na estrada do destino.

Como o senhor vê a busca por fama a todo custo, muitas vezes, como única opção dos jovens?

Sobre esse assunto, gostaria de compartilhar com vocês um texto de minha autoria:*

Vivemos atualmente a síndrome da fama. Quando se tem muito contato com o público, numa carreira de escritor e conferencista como a minha, existe a oportunidade de ver e sentir, bem de perto, os reais anseios das pessoas, suas frustrações, seus objetivos, enfim, tudo aquilo que faz a felicidade, o prazer e a infelicidade dessas pessoas. Entre muitas descobertas, tenho notado algo em especial nos jovens: a busca pela fama. De alguma maneira, alguns meios de comunicação vêm conduzindo as pessoas a pensar que a maneira de vencer na vida ou ser alguém de reconhecimento é ser famoso. Mas, o que é alguém famoso? O que é realmente a fama e o que ela traz de concreto à vida de quem a desfruta? Essa síndrome da busca desenfreada pela fama faz com que muitos jovens deixem de acreditar nos estudos, no empreendedorismo e em outros meios de conquistar vitórias em suas vidas. Se eu contasse aqui algumas revelações das minhas pesquisas no tocante ao que as pessoas estão dispostas a fazer para serem famosas, teríamos uma discussão e tanto, principalmente para revermos nossos valores existenciais. A fama é algo que as pessoas têm perseguido ao longo da história da humanidade e, talvez, este seja o ponto: a perseguição pela fama. Talvez, um dos efeitos da fama seja a sensação de poder que ela sugere às pessoas, afinal, ao longo da história humana, a graduação de lideranças foi feita pelo valor do poder que determinada pessoa detinha em seus domínios. A fama tem efeitos avassaladores em vários sentidos. Pode fazer uma pessoa expandir sua atividade além de fronteiras imaginárias e pode também trazer desafios inimagináveis. Não faz muito tempo,

---

* Artigo "A síndrome da fama". Disponível em: http://cesarromao.com.br/redator/item5600.html. [N.E.]

o *Fantástico* mostrou o depoimento de pessoas comuns que fariam qualquer coisa pela fama, para viver como seus ídolos. Em contrapartida, entrevistou os ídolos dessas pessoas. A parte incrível foi que os ídolos daqueles que fariam qualquer coisa para ser como eles afirmaram que gostariam de ser pessoas comuns, de ter uma vida comum, que a vida de famoso é conturbada, ninguém lhes dá sossego, e por aí afora. Na realidade, os ídolos entrevistados queriam ser famosos, mas levar a vida como as pessoas comuns. É o blá-blá-blá de algumas filhinhas de papai e patricinhas, verdadeiras burguesas-jecas, que têm tudo e fazem o estilo miséria urbana, dizendo que "dinheiro não é tudo", mas não dispensam uns quilos de ouro em joias no pescoço. E ainda tem muita gente famosa que ficou mais famosa ainda, mas queria uma vida comum. Quando perdeu a fama, na vida comum que tanto almejava, entrou em depressão e, agora, vai ao terapeuta. Porém, na saída de toda festa a que vai, quando um fotógrafo não lhe dá um "clique", nem que seja só com o *flash* da máquina, ai, ai, ai... Será que a fama pode realmente dar tudo que alguém almeja da vida? É interessante como muita gente luta para conseguir algo e depois descobre que realmente o que era importante estava bem ali ao seu alcance em tempos passados. Fama não é pecado, é um processo de aceitação pela sociedade de algo que está sendo praticado. Devemos lembrar que nossa sociedade tem várias facetas, níveis sociais e culturais, e eis aí a razão de muita coisa estranha, assim como algumas pessoas estranhas, fazer fama. Fazem a fama dentro de seu universo social e cultural, mas a fama é algo expandido para uma visão geral. A fama do fundão cai como bomba na turma do gargarejo e a fama da turma do gargarejo cai como absurdo na turma do fundão. Nossos modelos sociais e culturais recebem hoje forte influência das melancólicas programações televisivas, em que uma parte da população, por ausência de personalidade, termina por ser contagiada pela personalidade dos personagens novelescos, quer viver em suas vidas os ti-ti-tis da televisão. Basta notar a avalanche de produtos despejados no mercado, utilizados pelos personagens dessas "propostas" de vida, enxertadas pela deficiência de realidade, que causa uma ilusão coletiva de que tudo aquilo que se vê na tela é um exemplo a ser seguido. A fama vem e vai e, às vezes, também fica. Mas como a fama fica? A razão de uma pessoa ser uma personalidade famosa e manter sua posição de fama é simples: ela exerce uma atividade com conteúdo superior ao processo da fama efêmera. Ela tem algo que realmente leva a sociedade a uma reação capaz de transformar, de alguma maneira, positiva e sentimentalmente. Observe que o sucesso de um personagem não garante o sucesso do ator. A ânsia de muitos jovens por serem famosos nas passarelas e na TV faz com que se esqueçam de ser os heróis famosos de sua família, de seus amigos e até de sua crença. Talvez a fama perpétua seja aquela em que o trabalho executado ou a ação em processo realmente tenha conteúdo de existência nas bases da ética e da conduta no caminho do bem. Essa busca pela fama ficou tão estranha que, outro dia, em uma de minhas pesquisas, tive contato com um grupo de presos que afirmaram algo interessante sobre a "qualidade" de um bandido hoje. Eles disseram: "Bandido importante hoje não é mais aquele que é capa de jornal, é aquele que tem citação nos programas de TV que só mostram o banditismo. Tem 'nego' hoje que pratica crime só para ficar famoso e comandar o bando". Esses programas de TV são os verdadeiros cavaleiros do apocalipse social e, principalmente, o grande espaço para bandidos chegarem à fama em seu meio de atuação. Interessante é que, nessa mídia, onde a desgraça é famosa, nunca se mostra um médico salvando uma vida num hospital, alguém fazendo uma caridade, porque, na verdade, fica famosa a pessoa que rompe as regras do normal. Será? Espero que você se torne uma pessoa muito famosa, por tudo aquilo que fizer de bom ao mundo e às pessoas que estão ao seu alcance, pois essa é a maneira de perpetuar sua fama e fazer dela um exemplo a ser seguido. Famosa mesmo é a pessoa que pratica o bem; respeita o meio em que atua; inspira-se no auxílio ao próximo; é um exemplo para seus familiares e outras pessoas de seu meio, por sua perseverança, seu empenho no trabalho sério e seu coração, que sempre encontra tempo para estar perto do Criador. A verdadeira fama é aquela nutritiva, que traz benefícios a quem a possui e a todas as pessoas que a admiram. Famosa mesmo é a pessoa que nunca mediu consequências para implantar a justiça, dividir emoções, expandir a gratidão e fazer do mundo um lugar melhor para todos viverem. Não é mesmo? Então, por que não tomarmos como base de famosos irmã Dulce, madre Teresa de Calcutá, doutora Zilda Arns, Roberto Carlos, doutor Zerbini, Betinho, Ayrton Senna, Dorina Nowill, Carmem Prudente, Chitãozinho e Xororó, Viviane Senna, médicos que salvam, mãos que curam, corações que perdoam e amam?

O que é sucesso para o senhor?

É sentir que sua consciência está tranquila com tudo aquilo que realizou ao longo da vida, sem prejudicar ninguém e contribuindo para um mundo melhor do que aquele que encontrou.

Quem foi ou é uma grande inspiração para o senhor?

Devo muito de minha carreira ao meu modelo de escritor e conferencista, um homem chamado Og Mandino. Seus livros e suas palestras entraram pelas minhas veias e mudaram minha história, minha maneira de encarar meu trabalho de escrever. Conhecê-lo foi como um despertar para uma nova fase que eu nem imaginava. Paulo Coelho também me ensinou e contribuiu muito para que eu entendesse melhor a arte de escrever.

Qual foi o momento mais difícil em sua carreira?

Não faltaram momentos difíceis, acho até que todos foram difíceis. Sair do nada rumo a alguma coisa não é tão simples, principalmente num país como o Brasil, onde as pessoas criticam sem nem mesmo ter lido o livro. Em todos os meus autógrafos, sempre encontro pessoas que me sugerem escrever sobre determinados temas, sempre é assim, elas demonstram que não conhecem nada de meu trabalho, falam por falar, pois o tema que estão sugerindo para que eu escreva, já fiz um livro sobre ele e está ali bem na frente dela, na banca da livraria. Criticar sem conhecer é uma característica que o brasileiro precisa corrigir. Muitas pessoas abandonam a carreira quando isso acontece. Tem gente que presta pouca atenção ao trabalho dos escritores, ouviu falar algo na mídia e já pensa ter lido o livro ou compra o livro e, só de carregá-lo, já pensa ter lido. Ter seu trabalho colocado à prova talvez seja um dos momentos mais difíceis, porém necessário. Sem esse fator a fronteira não é vencida.

Como superou esse momento?

Escrevendo, escrevendo, escrevendo, e continuo escrevendo.

Qual dica o senhor daria aos que alimentam um sonho?

Tenho um livro somente sobre esse tema, chama-se *Sonhos existem para serem realizados*, uma obra baseada em pesquisas, entrevistas, vivência de palco, contato com leitores de 28 países e experiência acadêmica. Aos que têm vontade de viver seu sonho, recomendo a leitura desse livro, é um tratado sobre o assunto que fará diferença na vida de quem deseja vencer.

Rápidas

Livro ou livros favoritos?
O maior milagre do mundo, de Og Mandino, e *O que a vida me ensinou*, de Reinaldo Polito.

Filme?
Cinema Paradiso e *Os dez mandamentos*.

Uma frase?
Um sonho não termina quando se acorda, apenas começa, pois é acordado que se tem a chance de realizá-lo.

Hobby?
Escrever.

Crê em Deus?
Sim, mas, se O definir, não falarei tudo; se não O definir, estarei longe Dele.

Medo?
A esta altura da vida, não tenho medo de mais nada. Dúvidas sim, medo não.

Família?
Complemento da alma.

Educação?
Necessária para a evolução humana.

Uma viagem marcante?
Amazônia, com minha família e minha amiga Rita Bernardino. Ficamos hospedados no Ariaú Amazon Towers.

Mensagem final ao leitor?
Apaixone-se por tudo o que têm. Nada do que você conseguiu na vida até hoje é algo comum, nada é insignificante e nada é tão simples que não mereça que você se apaixone pelo que

conseguiu. Não importa se, neste momento, você tem um carro simples, uma casa simples, um emprego simples... O que importa é que, seja lá o que for que conseguiu até o momento, é uma conquista sua. Pessoas que não valorizam as pequenas moedas nunca vão atrair as grandes notas. Gente próspera usa as suas moedas, por menor valor que tenham.

Faça sempre uma declaração apaixonada paras as coisas que conseguiu e para as pessoas que moram em seu coração. Esse comportamento faz fluir uma energia de valorização das coisas que conseguimos. Estamos, assim, demonstrando gratidão ao universo, e as oportunidades do universo escolhem sempre as pessoas nas quais a gratidão habita. Por menor que seja sua conquista, ela é sua, veio pelo seu esforço, pela sua luta, e nada que venha pelo seu esforço e pela sua luta é pequeno. Nada de fazer bonito para outros verem, faça bonito para você ver e viver. Pessoas apaixonadas por tudo o que possuem criam uma proteção em sua vida que as mantém longe de terrenos perigosos. Desenvolvem uma intuição especial para manter o que já têm e ampliar suas realizações. Basta valorizar e você vai se apaixonar. Quem se apaixona pelo que tem vive mais feliz, encontra os caminhos com mais facilidade, faz tudo mais perfeito, não é um alvo fácil e está sempre com disposição para compartilhar. Na vida, perdemos muitas coisas por pensar que elas já estão conosco e não precisamos fazer mais nada por elas, mas tudo em nossa vida, para continuar lá, precisa receber nossa atenção e nosso cuidado. Apaixone-se por tudo o que possui na vida, que a vida também vai se apaixonar por você.

Conrado Adolpho

Empreendedor, empresário, considerado um dos maiores nomes do *marketing* digital do Brasil, fundador e proprietário da Webliv, escritor e palestrante, autor do livro *Os 8 Ps do marketing digital*.

Sempre teve o objetivo de empreender?

Vi o exemplo da minha mãe, que batalhou, estudou com apostilas emprestadas e conseguiu passar em um concurso público. Vendo aquilo, pensei que não poderia ficar parado. Tinha que fazer alguma coisa, e comecei a fazer pulseiras para vender na escola. Em 1984, eram moda umas pulseiras com o nome escrito, feitas com alça de sacola de supermercado. Não era sacola plástica, como hoje, era feita de papel com a alça de plástico duro. Eu cortava a alça, enrolava linha grossa na parte plástica, formando o nome. Comecei a vender as pulseiras na escola e ganhei um bom dinheiro. Essa foi minha primeira experiência empreendedora. Gostei muito daquilo, e vi que tinha aptidão para criar coisas do nada, de onde não tinha nada, podia criar alguma coisa que faria a vida de alguém melhor. Cheguei a vender coxinha na faculdade também, e por aí foi. Depois das pulseiras, descobri o que queria ser... na verdade, achei que queria ser aquilo, pensei que fosse uma carreira. Na realidade, quando você nasce em uma família pobre, tem poucas referências, pouca visão de mundo. Você desenvolvia um talento e, se alguém ao lado tivesse uma visão mais ampla, tivesse viajado, conhecido pessoas, diria-lhe que você tinha talento, que aquilo era uma profissão, que você conseguiria ganhar dinheiro com aquilo, fazer sua vida com aquilo. Mas, imagine, minha mãe teve infância pobre, foi funcionária pública, não tinha outra maneira de sustentar a família. Eu comecei a fazer negócios, vender coisas, serviços. Numa época, eu era muito estudioso de metafísica, estudava tarô, mapa astral, quiromancia, pêndulo. Estudava muito. Entrava em livraria e, no meio daquele monte de estantes e livros, lia tudo sobre o assunto. Às vezes, dava para comprar, às vezes, não. Passei a vender serviços relacionados a isso: lia cartas de tarô na escola, fazia mapa astral e tal. Hoje, já não sou assim, mas, na época, foi algo muito forte em mim. Para ter uma ideia dessa minha vontade de fazer as coisas, na sexta série, uma professora passou um trabalho de casa: escrever um livrinho no prazo de um mês. Cheguei em casa – eu lia muito Agatha Christie na época – e escrevi um livro de cerca de 60 páginas. Escrevi na máquina de escrever da minha avó, e entreguei o livro. Um livro com a planta da casa, o básico de romance, assassinato, com um detetive que descobria o culpado no final. Agatha Christie pura. Então, o que quero dizer é que ser empreendedor não é apenas vender coisas, não é só montar negócios; é ser empreendedor da sua própria vida, ir para frente, se transformando, criando coisas onde não existe nada. Qualquer um pode fazer isso e, quando descobri que eu podia fazer isso, parece que meus limites acabaram. Eu era muito magro e usava óculos – um baita fundo de garrafa. Comecei a usar óculos aos 12 anos e lembro que, quando entrei na sala de aula de óculos, a turma inteira começou a rir de mim. Nunca esqueci aquele momento. A criança acaba sendo muito oprimida por outras crianças. Para ela, o mundo é muito grande. Só que, quando descobri que poderia criar alguma coisa onde não existia nada, o mundo passou a ser um pouco mais controlável. Onde não existe algo, eu posso criar. Onde tenho um problema, posso recriar a mim mesmo e resolver esse problema. Eu me lembro de que, na quinta e na sexta séries desse colégio, eu era um dos alunos mais populares, porque me fiz popular. Mas fui por um lado um pouco errado e me juntei com os piores elementos. Matava aula, fazia o diabo, mas reconstruí o Conrado, então, a questão é: o empreendedor reconstrói ou constrói do nada, qualquer coisa, inclusive a si mesmo. Essa é uma postura empreendedora diante da vida.

O que o move?

Li uma frase do bilionário George Joseph, uma frase que me marcou: "O verdadeiro prazer está em construir, não em ter". O negócio não é ter. Quando o empreendedor tem, ele olha e diz: legal, e agora? O que é que vem agora? Nunca é apenas ter, tanto que, muitas vezes, o empreendedor tem gente para cuidar da empresa, para que ele não cuide de rotina. Eu não cuido de rotina. Eu quero sempre estar um passo a frente, então, o que me move é o que vem lá na frente, o prazer da construção e a quantidade de obrigados que recebo. Sou viciado em obrigados. É um vício bom. Quanto mais obrigados eu recebo mais me fortaleço para ir para a próxima etapa. O agradecimento é o final da história, significa que fiz uma porção de coisas, ajudei alguém, construí algo do nada, parti para cima do problema, resolvi e entreguei aquilo para alguém, que pegou aquilo e disse: nossa, obrigado! Isso quer dizer que você fez tudo certo antes. O obrigado é o fim, a coroação, e você pensa: pronto, consegui mais um. Eu tenho a meta de conseguir, num prazo de 15 a 30 anos, um bilhão de obrigados. Minha meta é um bilhão de obrigados. Quero ter um bilhão de dólares também. Isso não é uma coisa ruim, é uma coisa boa, só que, de onde virá esse um bilhão de dólares? Do um bilhão de obrigados. Sei que existem três moedas e preciso ter duas antes do dinheiro, que é a terceira moeda. A primeira moeda é o tempo das pessoas, que as pessoas dediquem tempo a mim, falando de mim ou consumindo meu conteúdo, lendo meu livro. Tenho que ter o tempo delas. O Gary Vaynerchuk, que escreveu *Vai fundo* e *Gratidão*, diz uma coisa genial, que a gente está em um mercado de olhos e ouvidos. A gente não está em um mercado de produtos, mas de olhos e ouvidos. A atenção das pessoas é a grande moeda, então, quando você tem o tempo das pessoas, já conseguiu a primeira grande moeda. Depois disso, chegam as pessoas lhe dizendo obrigado, que é o elogio, ou falando bem de você para outras pessoas. A terceira moeda é o dinheiro. O dinheiro só vem depois dessas duas. Dinheiro sustentável. Outra coisa importante também é que a gente tem muito aqui dentro, e falo muito sobre isso aqui na empresa. Tão importante quanto o lugar de onde o dinheiro vem é para onde o dinheiro vai. Não é só "ganhei dinheiro honestamente". Gastou com o quê? Com promiscuidade, com drogas... De que adiantou, então, ganhar dinheiro honestamente? Melhor se não tivesse ganho nada! Mas se ganhei o dinheiro honestamente e estou gastando dinheiro honestamente também, tenho conforto e minha vida está legal. Uma parte dele doo em espécie, doo meu tempo, doo para a construção de uma escola, um hospital, ajudando as pessoas, distribuindo para quem precisa e merece. Por ser viciado em obrigados, sei que esse é o grande indicador de que é depois disso que vem o dinheiro, o conforto e a roda que move mais obrigados ainda. Eu disse que tenho que fazer a conta direito, porque não é um processo linear. Quando você tem cem reais, talvez consiga um obrigado. Quando tem cem mil reais, talvez consiga cinco mil obrigados. Quer dizer, não é linear. Talvez, quando você tiver um milhão de reais, tenha dois milhões de obrigados. Então, o que me move é a construção, mas com uma função, que é receber os obrigados no final e saber que vou fazer bom uso do dinheiro que eu vou ganhar. Minha vida vai ser ótima, minha empresa vai ser ótima e a vida de um monte de gente vai ser ótima também.

Como vê essa busca por fama do jovem hoje?

Como carência. O que acontece hoje – uma amiga minha, Laila Vanetti, diz isso – é uma síndrome da redação. Quando você faz uma redação na escola, a professora não diz para você: "Essa sua estrutura está ótima, esse argumento está perfeito". Não, ela diz: "Você errou na vírgula, na crase". A correção tem aquele monte de "xizinho" vermelho, que nunca aumenta sua nota de dez para doze, só diminui. Você começa com dez e ela vai tirando pontos. No final, você descobre que começou com dez, mas terminou com seis. Veja que péssimo. É só uma maneira de derrubar você, nunca de levantar. Por que não pode terminar com doze? Isso gera uma carência muito grande. Tudo é assim. Existe um livro com uma pesquisa que mostra que até os oito anos de idade, em média, a gente recebe 148 mil nãos, negativas. Não pode, está errado. Você cresce com o modelo mental da negação e não com o modelo mental da autoconfiança, do sucesso, de ir para frente, de fazer as coisas. Não, o modelo mental é "eu não posso isso, não posso aquilo". Isso fica instalado na mente. É como se fossem *softwares* ruins, instalados lá dentro, e você nem sabe que eles estão lá. Assim, você desenvolve uma carência muito grande, principalmente de reconhecimento, uma carência de validação. Alguém diz "você é bom" e você pensa "será que eu sou mesmo?". Todo mundo é assim. Eu, você, todo mundo, em algum grau. Algumas pessoas mais, outras menos. Algumas mais, e isso faz com que elas sigam por um lado ruim. Outras menos, o que faz com que sigam por um lado bom. Ser viciado em obrigados é um pouco disso também, mas a questão é como você ressignifica esse seu sentimento e o joga para um lado bom, já que você tem essa carência. Outras pessoas não, querem fazer o *Big Brother*, ficam mandando vídeos e cartas para a TV, que é o fundo do poço da degradação humana. Isso quer dizer que essa carência, essa necessidade de validação acaba se desviando para outro lado. Esse é um ponto, a carência e a necessidade de validação. Outro ponto é do que fala bastante o sociólogo polonês Zygmunt Bauman, de quem gosto muito: as relações líquidas, os tempos líquidos, o amor líquido, que é essa coisa tão superficial, que você acaba não se construindo. Existem três pessoas dentro da gente: quem a gente é, de verdade; a nossa autoimagem, ou seja, o que a gente acha que é; e a imagem, que é o que os outros acham que a gente é. A gente sempre tenta manter a autoimagem e nossa imagem juntas, mas, muitas vezes, não consegue. Então, a gente acaba valorizando muito mais a imagem do que a autoimagem. Quer dizer, vou comprar um Range Rover, porque quero parecer um cara bem-sucedido, aventureiro, radical. Mas, para ser, não é preciso mostrar aos outros que se é. Algumas pessoas, por não se conhecerem, têm uma relação líquida consigo mesmas. Elas precisam comprar para ser, precisam ter para ser. Quando você compra coisas para mostrar para os outros quem você é – e as marcas trabalham brutalmente em cima disso –, acaba caindo nessa armadilha, não sabe mais quem é, porque precisa ter para ser, porque precisa "ser" um monte de coisas para um monte de gente. Você valoriza sua imagem e não sua autoimagem. As pessoas precisam descobrir quem são e começam a procurar uma maneira de as outras pessoas lhe dizerem quem são, ou seja, elas procuram visibilidade, mais visibilidade, para que os outros digam quem ela é, e procuram isso no mecanismo chamado fama. Buscam isso em uma coisa chamada indústria da fama, não necessariamente porque queiram ser famosas, mas porque querem validação. É uma carência. A questão da visibilidade é muito perigosa para quem não sabe exatamente quem é. Para a gente descobrir quem é, é preciso ficar muito tempo consigo mesmo. O problema, muitas vezes, é que a gente chega em casa e liga a TV – e não é para ver TV, é para ter barulho, para não ficar sozinho consigo mesmo. Você tem alguém 24 horas por dia colado em você, e não conhece essa pessoa. Essa pessoa é você. Se você não se conhece, não é seu amigo. Você só se conhece se ficar sozinho consigo mesmo. Precisa ter seu espaço, pedir para a esposa ou o marido para fazer algo consigo mesmo: praticar um esporte sozinho; almoçar sozinho mesmo. Aí, você se conhece e descobre que fama talvez não seja o que você quer ou pode até ser, mas, agora, você sabe. Quer ser alguém visível, mas pelos motivos certos, não apenas por causa da imagem, mas pelo que você é realmente, e isso é um processo.

O que é sucesso para você?

Numa época – até disse isso em outra entrevista –, eu achava que era dinheiro. Isso dos 20 até os 30 anos, mais ou menos. Depois, dos 30 até 30 e tantos, acreditava que sucesso fosse reconhecimento. Hoje, vejo que sucesso é transformação com equilíbrio. Quando me considero uma pessoa de sucesso? Quando gero transformação nas pessoas, porque, com isso, vem uma série de outras coisas. O dinheiro é só uma delas. Vêm amigos. Tenho amigos queridíssimos, que assistiram ao meu curso e se transformaram. É a tal da ressonância, não dá muito para explicar. Quando você começa a vibrar em uma frequência, as pessoas que estão nessa mesma frequência vão se aproximar de algum jeito. De repente, alguém que está além do alcance de sua visão – e você além do alcance da dela – sente aquela onda, aquela frequência e se pergunta de onde está vindo. Aí, vai seguindo, seguindo e encontra você. É uma coisa que não dá para explicar, mas que acontece, uma lei natural, quando se gera transformação, transformação com equilíbrio. Não é ajudar a pessoa, por exemplo, só a ganhar dinheiro, mas a ganhar e saber utilizar. Não sou desequilibrado, mas ainda tenho pontos para me equilibrar. Explico: sou um cara muito acelerado e faço muitas coisas ao mesmo tempo. Sou *workaholic* faixa preta. Sonho com o negócio, penso o dia inteiro nele. Qualquer coisa que veja, penso: "Puxa, isso aqui é legal para o negócio". Vou lá, já converso e faço conexão. Ainda não é uma coisa equilibrada. A vida pessoal fica um pouco capenga. Tento colocar a minha vida pessoal dentro do negócio também. Lembro que falei que você não tem que dedicar 50% para a família, 50% para o negócio ou 30% para você, 20% para a família ou negócio, mais 20% para esportes e tal. Você tem que dedicar 100% para tudo – família, negócio, para tudo. Mas quando é que você multiplica esses 100%? Quando começa a conectar todas as coisas. Uma pessoa que admiro muito é o Geraldo Rufino. A família dele está dentro do negócio, então, ele se dedica 100% ao negócio e 100% à família também. De repente, você vai fazer uma atividade física com o pessoal na sua empresa, isso é legal. Você tem a família e os negócios juntos. Tem o lado bom e o lado ruim. Você precisa saber lidar com isso. Você tem que se dedicar 100% a tudo, fazendo conexões o tempo todo, fazendo com que as coisas se construam juntas, de um modo único, coeso. Você amarra todas as pontas. Sucesso, para mim, é transformação com equilíbrio. Transformação traz dinheiro, conhecimento, você transforma o outro. A gente está no mercado de transformação. Uma coisa que vejo muito é que a gente está em uma mudança de era: da era da informação para a era da transformação. Tenho isso claro para mim. As pessoas estão querendo se transformar, e não é de agora, já faz alguns anos. Só que, entre uma era e outra, existem anos, décadas. É muito fácil olhar para trás e ver, por exemplo, a Revolução Francesa e dizer que tal dia ou ano foi um marco. Na verdade, não foi o ano, talvez tenha sido um ano, talvez tenham sido 20. As coisas vão se transformando aos poucos. Transição significa que o novo não chegou ainda e o velho já não serve mais. A gente está justamente nesse vácuo, em que o novo não chegou e o velho já não serve. Fico pensando, daqui a 50 anos, quando tivermos passado esse vácuo e estivermos na fase da transformação, as pessoas e os negócios querendo se transformar e se transformando... Aqui na Webliv, por exemplo, a gente constrói o negócio de um jeito diferente. A divisão de lucros aqui é monstruosa, enorme. Todo mundo participa muito do negócio e é um negócio que vira uma causa, não é um emprego. Aqui, ninguém acha que é emprego. Eu falo aqui não é um emprego, é um caminho, uma jornada. Emprego tem um monte por aí. Aqui é outra história. Aqui, não concorremos com a categoria emprego, concorremos com a categoria caminhos, e isso faz com que as pessoas se transformem também, passem a perceber a vida de maneira diferente. Sucesso, para mim, é transformação, e associo sucesso com o futuro e com o presente. Transformar as pessoas agora em sucesso.

Quem foi ou é uma inspiração para você?

Minha mãe e ponto. Tenho algumas outras referências, mas, quando a gente tem uma inspiração, parece que quer ser aquela pessoa, apesar de todo mundo ter problemas também, errar. Admiro muito o Mandela, uma parte dele, não o Mandela inteiro. Admiro muito o Muhammad Yunus, uma parte do Muhammad Yunus. O Gandhi também, mas uma parte, pois ele tinha um monte de defeitos e fazia um monte de bobagens, mas uma parte dele era incrível e é essa parte que eu admiro. Então, tenho várias referências: Mandela, Muhammad Yunus, Gandhi, Anthony Robbins, Martin Luther King. Engraçado, tirando minha mãe, não tem nenhum brasileiro. Geralmente, admiro pessoas que provaram que eram boas no que se propuseram a fazer. Grande parte delas já morreu, então, veja, a pessoa morreu e, até o fim da vida, provou que era boa no que se propôs a fazer. Legal, provou. Quando você admira pessoas que estão aí, você não tem muita certeza de que esteja depositando sua confiança sobre um pilar sólido. Às vezes, você acha que é sólido, mas não é. Aí, em dada hora, aquele pilar começa a balançar e sua identidade, que está apoiada nele, também começa a balançar. Tenho muito cuidado. Tenho a teoria de que somos tampos de mármore sobre vários pilares. Um pilar é a saúde, outro é o lugar onde se trabalha, outro é a família, outro se refere às pessoas a quem se está ligado, em quem se acredita, em quem se confia e a quem se escuta, os livros que se lê. Tudo isso são pilares. Alguns são mais frágeis, outros mais rígidos. Você tem que tomar muito cuidado para não apoiar toda a sua vida – esse enorme tampo de mármore – em um monte de pilares frágeis, porque uma hora alguns desses pilares podem cair e a sua vida cai. As pessoas dizem que desgraça pouca é bobagem, que quando acontece uma desgraça outras vêm em sequência. Na verdade, o que aprendi foi que, quando isso ocorre, os pilares não estavam muito bem posicionados, então, um cai e os outros não conseguem aguentar sozinhos o tampo de mármore, começam a ruir também, e você cai, racha ao meio, enfrenta uma depressão e desaba. Por isso, falo de transformação com equilíbrio, porque, às vezes, você tem uma família à qual não dá muita atenção, tem um emprego em que você não está fazendo muita coisa, tem amigos com quem sai para tomar cerveja, mas que não são tão amigos assim. Quando você perde um emprego, vai ficar mais tempo em casa, mas sua família não é muito unida, e você perde a mulher, já não vai tomar cerveja, pois perde aqueles amigos, e você desaba. Então, cada pilar de sua vida tem que ser valorizado. Você tem que realmente se fortalecer, assim, se um pilar cair, os outros continuarão muito bem. Em famílias bem-estruturadas, o cara perde o emprego, mas não tem problema. A mulher dá um jeito, enquanto o marido está tentando se recolocar. Quando ele consegue, tudo volta ao normal, pois ele tinha um pilar forte ali, ajudando, fazendo o tampo continuar bem-apoiado. Por isso, digo que o equilíbrio é superimportante. Você tem que dar 100% em tudo, para que todos os pilares sejam fortes.

Qual foi o momento mais difícil?

O momento em que perdi a crença de que ia dar certo. O mundo pode estar desabando ao redor, tudo caindo, uma desgraça, gente xingando, mas, se você está consciente do que está fazendo, se confia que vai dar certo, que vai continuar trabalhando desse modo, seguindo o plano e dá certo, legal! Quando você começa a acreditar no que as outras pessoas estão falando, quando começa a acreditar que você é o mundo que está desabando, você desaba junto. Num momento, comecei a duvidar. Larguei o ITA – todo mundo dizia: "Nossa, você passou no ITA" e eu respondia: "Não estou feliz, não era o que eu queria". Um dia, arrumei minhas malas, voltei para casa e, chegando lá, disse para minha mãe que não dava mais. Até ali, eu tinha certeza de que meu caminho não era aquele, de que eu tinha que encontrar outro, porque existia um. Montei o cursinho, mas deu errado. Começamos certo com pessoas erradas, incapacidade administrativa minha, falta de maturidade minha. Um dia, ele quebrou e, ainda assim, eu continuava pensando que ia dar certo. Passei cinco anos falando que ia dar certo. Ao longo desse tempo, em certo momento, comecei a achar que não ia dar certo mesmo. Achei que ia dar certo, mas errei. Esse foi um momento ruim, um momento em que perdi a esperança. Quando se perde a esperança... Na entrada do inferno de Dante, há aquela frase famosa: "Deixai toda esperança, vós que entrais!".

Então, acabou, aqui é o inferno. Esquece, abandona suas esperanças e entra, porque, daqui, não tem mais volta. Pareceu um pouco com isso. Aquele foi um momento difícil, não lembro o quanto durou, mas, algum tempo depois, comecei a respirar de novo. Pensei, legal, acho que estava certo lá atrás, vai dar certo. Minha amiga Laila Vanetti me ajudou e serei eternamente grato a ela, que me deu a mão e disse: "Venha comigo". Consegui me reerguer e a coisa começou a dar certo. Dar certo não significa ganhar dinheiro e pronto. Não, passei a acreditar de novo. Dar certo é acreditar, não é só ganhar dinheiro, montar um negócio de sucesso; isso é uma parte do dar certo, mas dar certo é quando você acredita. Eu comecei, camelei, camelei. A agência não estava grande coisa. Queria recuperar o negócio, e não tinha mais dúvidas, não estava legal. Pensei: "Vamos pegar essa parte do negócio e fazê-la crescer. Vamos mudar e continuar". Quando você tem a crença, arranja solução, sabe que a coisa vai acontecer. Quando você sabe que a coisa vai acontecer, ela realmente acontece, pois você tira fôlego de onde não tinha nada. Esse é o famoso comportamento empreendedor. Você diz: "Aqui, não tem nada; não tenho mais força, não tenho mais fôlego, mas tenho esperança, então, vamos pegar a esperança e, dela, construir algo onde não há nada". Aí, você constrói. Constrói outro negócio, dá um curso. Pega aquele dinheiro, compra um negócio, vende, sei lá. Você dá um jeito. A questão é você acreditar, construir onde não há nada, porque tem a convicção de que, um dia, aquilo será alguma coisa. O empreendedor é isto, alguém que olha para o deserto e diz: "Estou vendo Las Vegas aqui". Esse é o empreendedor, ele olha e vê. Só que, se ele não acredita, não vê nada, não visualiza. O cérebro é uma máquina perfeita de administração de energia para a sobrevivência, não foi feito para deixar a pessoa feliz; foi feito para fazer a pessoa sobreviver. Nosso cérebro foi forjado em uma época em que a gente precisava sobreviver, então, hoje, ele acredita que precisamos sobreviver. Se você olha para um terreno e não acredita que vai construir algo, como seu cérebro vai lhe dar subsídios para construir ali? Agora, se você acredita naquilo, seu cérebro vai arrumar maneiras de que seja feito logo, para descansar, não gastar tanta energia. Seu cérebro vai procurar as soluções mais criativas para que o negócio aconteça rápido, e ele sabe que aquilo é um marco, que você tem que chegar até ali. Você se desdobra, faz a coisa acontecer. Você tem que visualizar para poder construir. Quando você não acredita – por isso, digo que esse foi meu pior momento, pois passei a não acreditar, logo, passei a não visualizar, passei a não me esforçar e tudo foi ladeira abaixo –, passa a um estágio de prostração diante do mundo. Quando acredita, você se sobrepõe ao mundo, está maior que ele, não de forma arrogante. Você controla o espaço ao redor, entende o que está acontecendo, trabalha com os recursos que tem. Quando você acredita, está com a mente focada, absorve as coisas ao redor, interpreta, elabora segundo aquilo. Quando você está fraco, tudo parece grande demais, qualquer coisa fica muito grande. Faço uma analogia com uma piscina. Você está na piscina. Às vezes, está na piscina se esforçando ao máximo, mas está morrendo afogado; não está nadando, está apenas batendo os braços. Quando você domina o ambiente, você flutua, nada de costas, nada *crawl*. É piscina, é água, e você sabe como agir nesse ambiente. Sua mente está focada, forte, disciplinada. Então, acreditar é o primeiro passo; depois, você sobe a montanha ou desce a ladeira, é uma escolha sua.

Como superou esse momento difícil?

Tive ajuda. Conecte-se a pessoas, sempre. Você não consegue nada sozinho. Sem minha equipe, por exemplo, eu não seria absolutamente nada, e provo isso com números. Com duas pessoas me ajudando, fiz 140 mil reais em um curso. Com a minha equipe de hoje, fizemos cinco milhões de reais ao longo de 18 meses. São números. Podem dizer: "Você é o responsável". Não, eu sozinho fiz 140 mil, junto com a equipe, fiz cinco milhões. Não há o que discutir, ou seja, conecte-se às pessoas. Superei o momento difícil, porque contei com pessoas que me deram um tapa na cara: "Acorde aí, cara!". Foi quando comecei a caminhar. Lógico, depois que você está caminhando, começa a respirar, começa a ver o mundo, as oportunidades e continua a caminhada e se conecta a outras pessoas, cria outras fontes, outros laços. Mas o início é muito difícil, é como estar se afogando na piscina. Enquanto se afoga, você só consegue ver água em volta. Quando alguém o puxa, você levanta e, de repente, descobre que até consegue ficar de pé, mas não sabia disso. Conecte-se às pessoas. O Murilo Gun, que eu adoro, disse em uma palestra que é preciso ter cuidado para não ficar blindado de *feedbacks*, porque, às vezes, você implanta medo na equipe e ninguém mais vai lhe falar nada. Às vezes, você se cerca de pessoas que não o deixam chegar a outras pessoas. Por exemplo, o Roberto Justus, imagine a quantidade de seguranças e secretárias que ele tem. Ele não consegue receber um *feedback* se não for de alguém do *staff* dele, está blindado de *feedback*. Você tem que estar acessível, precisa falar com as pessoas, com quem você não conhece, ver outros pontos de vista. É isso o que vai fazer com que as pessoas lhe digam que você errou. Assim, você pode refletir e pensar: "Errei, ótimo; agora, não vou errar mais". E você continua a caminhar. Foi assim que superei o momento difícil, as pessoas me falaram, eu levantei e superei aquele momento.

Como você vê o mercado em que atua hoje?

Algumas pessoas podem dizer que a Mont Blanc está em um mercado de canetas, mas ela está em um mercado de presentes finos, ou no mercado de *status*. Algumas pessoas podem dizer que meu mercado é o de infoprodutos, o mercado de cursos digitais, mas não. Estou em um mercado de transformação, uma coisa maior. E transformação vem de duas maneiras, pela educação e pela inspiração.

A inspiração motiva a pessoa a caminhar pela estrada; a educação fornece a estrada. Se você inspira sem educação, a pessoa fica animada, motivada a fazer alguma coisa, mas nem sabe o quê. Quando você mostra a estrada apenas, a pessoa olha e pode dizer: "Nossa, essa estrada é muito longa". Assim, ela não se motiva. Quando você soma as duas, a educação e a inspiração, faz a pessoa se transformar e caminhar. Então, o meu mercado é um mercado de transformação, que envolve educação e inspiração. Mas tem gente achando que está no mercado como infoprodutor, como alguém que vai construir um infoprodutinho para ganhar um dinheirinho. Isso é egoísmo. E os outros? E o que você recebeu da sociedade? Leia um artigo do Michael Porter e do Mark Kramer, intitulado "Criação de valor compartilhado". Está disponível na internet e é um artigo muito bom.*

---

* Disponível em: http://www.hbrbr.com.br/criacao-de-valor-compartilhado. (N.E.)

Temos que devolver à sociedade parte do que ela nos dá. E tão importante quanto o lugar de onde o dinheiro vem é para onde ele vai. Quando você consegue fazer isso, consegue, de fato, fazer a roda girar, porque a roda não pode parar em você: "Ah, eu vou vender, vou ganhar dinheiro e vai parar em mim". Você não pode reter energia, tem que passar para frente, é isso o que você tem que pensar para a vida. Você é simplesmente um mensageiro, um transmissor, não é o fim, não é a pessoa mais importante da sala; você é uma pessoa, não é "a" pessoa. Tem que fazer a roda girar, girar tão rápido que outras pessoas possam se beneficiar desse seu movimento. O empreendedor é alguém que consegue organizar uma quantidade pequena de recursos e transformá-la em uma grande quantidade de resultados. Só que ele não precisa ficar com todo o resultado. Se ele tem a capacidade de organizar recursos e gerar muito resultado, ele pode organizar os recursos, pegar um pouco para si e passar um pouco para o outro. Aí, o outro, se é um empreendedor sem recursos, com aquele recurso pequeno, ele consegue ensinar outras pessoas a serem empreendedoras também. Daí, esse empreendedor consegue transformar aquele resultado em algo maior. Parte daquilo, ele doa, transforma em algo maior. Chega uma hora em que a soma de todos os grandes resultados vai ocupar o espaço inteiro. As escolas serão boas, os hospitais serão bons, tudo vai ser bom, desde que tenhamos o máximo de empreendedores diante da vida, ou seja, pegando e multiplicando nossos recursos, distribuindo parte deles para que outras pessoas também tenham recursos, a fim de multiplicá-los. E por aí vai. Então, o meu mercado não é o de infoprodutinhos para ganhar um dinheirinho. Acredito que meu mercado seja o de transformação, e ele é um mercado mundial, global. Quero impactar bilhões de pessoas, com "b". Esse mercado, as pessoas ainda nem sabem que ele existe. Não dá para falar nem que é imaturo, porque imaturo pressupõe já ter nascido. Ele ainda nem nasceu. Quando falo de era da transformação, não falo porque já estamos lá. Estamos entrando na transformação, ou seja, ela não aconteceu ainda. O bebê nem foi gerado. Esse mercado ainda não existe. Vamos descer um nível, vamos para o mercado de conhecimento, para gerar transformação, e nem estou falando do mercado de inspiração. Um dos projetos que tenho é a Webliv Filmes. Já temos um *videomaker*, vamos contratar uma jornalista. Temos estúdio, câmera, uma estruturazinha para fazer isso. E o que quero fazer? Documentários inspiracionais, que peguem uma pessoa e mostrem o que ela está fazendo. De repente, um cara que está no interior de um lugar distante, ensinando música para crianças carentes que estão começando a ter uma relação melhor com a própria vida. Um menino que fez isso há cinco anos já conseguiu um destaque bacana, montou o negócio dele e tal. Vamos pegar esse cara e mostrar não só o que está nos jornais – desgraça, tragédias, novelas, traição, assassinato, degradação humana –, mas outras coisas também. Coisas que possam fazer as pessoas dormirem bem. Não filmes que mostrem matança e o diabo a quatro. Não, a pessoa vai sentir que dormiu bem e o dia será melhor também. Quando você começa a sacar a doença que é a disseminação da desgraça, começa a atacar isso, ocupar o espaço. Adoro esta frase do Edmund Burke: "Para que o mal triunfe, basta que os bons não façam nada". Se quem tem bondade não faz nada, é óbvio que o mal vai vencer e seremos engolidos por ele. Então, por que quem pode fazer alguma coisa não faz? Por que não construímos alguma coisa que, de fato, deva ser construída? Porque as pessoas querem ficar com o osso delas, querem preservar o *status quo*, não querem distribuir, pois alimentam a ideia de perder. Se você não tem um raciocínio abstrato o suficiente para pensar em valores e não em coisas, vai achar que ter é ser e, como já disse, ter consciência de que é preciso ser para ter exige um raciocínio muito abstrato. O raciocínio abstrato só vem com a reflexão, a consciência, o pensamento sobre o pensamento; e isso só vem com a leitura, só vem quando se está consigo mesmo, quando se conversa com as pessoas, quando não se está blindado de *feedback*. Quando se tem isso, aí sim, começa-se a entender que a coisa não é absolutamente nada. Você é tudo. O barão de Mauá perdeu tudo e conseguiu quase tudo de novo, porque era ele e não o dinheiro, não o que estava do lado de fora – esse é o raciocínio que precisamos ter. Quando pensamos no mercado, ele é o que construirmos, o que fizermos dele. Hoje, o mercado de conhecimento está dividido em academia que se orgulha de seu conhecimento, mas não faz nada concreto para gerar valor para a sociedade, e em pessoas que ganham dinheiro com conhecimento, mas não têm tanto conhecimento assim. Se a academia e os empresários do conhecimento se juntassem, teríamos um negócio fora do padrão, incrível. É o que venho tentando fazer, trazer professores, autores, para que possamos pegar esse conhecimento e distribuí-lo para as pessoas com a nossa capacidade de empregar poucos recursos e multiplicá-los, distribuí-los para que outros também tenham recursos para multiplicar e distribuir. O mercado ainda é imaturo, praticamente não existe. Para esse mercado crescer, o ideal é que as pessoas tenham consciência do que é um mercado. Você tem que valorizar o mercado e não só o seu negócio. O ego é o que faz com que o mercado não cresça. É preciso se desprender do ego. Somos seres humanos, mas precisamos entender a força do ego e minimizá-la, entender que é crescer da era da informação para a era da transformação. E a informação precisa ser acessível, chegar para todos, para que o mercado se desenvolva. Para isso, as pessoas precisam se desenvolver primeiro. Para que se desenvolvam, precisam de mais gente querendo que se desenvolvam. É uma roda, quanto mais ela gira mais faz girar.

Qual foi o fator determinante para você criar a Webliv?

A Webliv nasceu, porque, em 2010, eu estava com uma agência de *marketing* digital, pirando, louco. Era um negócio muito pesado, um mercado muito tenso, concorrência, enfim, muita coisa ruim no mercado e eu pensei: "Vou criar uma ONG de projetos sociais pela internet; vou apresentar projetos". Nem sabia como ia ser a linha, talvez *crowdfunding*. Acredito pouco em voluntariado hoje, já acreditei mais. Hoje, está muito "cada um com seus problemas", então, a coisa é vamos comprar a mudança. "Está precisando de um hospital? Quanto custa?" "É tanto." "Então, aqui está, vá construir o hospital." "Quer construir uma escola? Custa quanto? Aqui está o dinheiro, construa." De novo, é a questão do empreendedor, por isso, gosto muito do setor dois e meio (empresas que estão no meio do caminho entre projetos sociais e negócios que buscam lucro). Ele fica ali no meio entre o segundo e o terceiro setores. É um setor com fins lucrativos, mas com pouco lucro, não é um negócio de quanto mais lucro melhor. Não, é lucro até um determinado ponto, a partir desse ponto, é distribuição. Esse é o setor dois e meio, é ser empreendedor em um negócio social ou em um negócio que beneficie a sociedade, mas não com o lucro como único fim. A transformação é o fim. O lucro é para a empresa sobreviver e continuar gerando cada vez mais transformação. Quando pensei em criar a Webliv como uma ONG ou Oscip, não sabia direito. Quis criar uma empresa no setor dois e meio ou uma do terceiro setor, mas criei o nome, registrei e, no meio daquela confusão toda, perdi o nome. Vendi a agência, tive prejuízo. A agência estava com dívidas, perdeu clientes, um negócio muito complicado. Pensei em vender a agência, pagar parte das dívidas com o dinheiro e fazer outra coisa, mas não sabia ainda o que seria essa outra coisa. É muito engraçado, gerir uma empresa hoje é como dançar tango. Você não controla nada, no máximo, influencia. Começa a dançar com o seu negócio, e não é forró, em que o homem manda, é tango, no qual a mulher também tem opinião. Então, a empresa vai para cá e você quer ir para lá, e os dois vão entrando em um acordo. Se você travar e falar que é para lá e a outra falar é para cá, ninguém sai do lugar e uma empresa que não cresce morre. Então, é preciso ir entendendo o desejo do negócio, porque o negócio não é você, você não é o dono do negócio; você está em uma posição de liderança, mas não controla. Não é como uma caneca que você pega daqui e põe para lá. Quando você quer direcionar para cá, o mercado pede que vá para lá e você tem que entender que esse é o caminho certo, esse é o lugar para onde você e a empresa devem ir. Digo o seguinte: não era aquilo, é isso aqui, agora estou entendendo, estou enxergando melhor. Você tem que aproveitar as melhores oportunidades nessa dança. A empresa é como se fosse um ente que senta ao seu lado e diz: "Faça um curso". E você responde: "Só um?". "Sim, um curso." No meu caso, fiz o curso "8 Ps". Aí, o ente diz para fazer outro, porque você vai criar uma empresa de cursos. E você faz outro curso. Então, o ente diz para contratar uma equipe. E você contrata uma equipe. No final das contas, é como se esse alguém sentado ao lado fosse falando só do próximo passo. É como dirigir na estrada à noite, o farol está aceso, mas você só enxerga 100 metros adiante, não vê 50 quilômetros. Você vai dirigindo, faz uma curva, vê um buraco, faz outra curva. É isso, é uma dança com a estrada. Não adianta querer seguir reto se existe uma curva; você vai ter que fazer a curva. Você tem que ir, indo. Você vai sentindo para onde o negócio está se encaminhando e isso desenvolve, primeiro, a humildade, porque você pensa: "Eu não sou o cara, eu sou mais um cara aqui dentro". Segundo, desenvolve uma percepção. Você começa a sentir, tal como um médium, que tem alguma coisa aqui, tem alguma coisa ali. Você descobre; depois, muda um pouco de direção e aí melhora. Legal, você está ali, sentindo o que está acontecendo. A Webliv nasceu para ser uma ONG. Quando montei o segundo curso, falei que ia criar uma empresa de cursos – até então eram cursos. Veja como fui amadurecendo o negócio à medida que dançava com ele. São cursos, então, vou criar uma empresa, para a qual já tinha um nome, um nome muito legal: Webliv, *web* e *liv*, de *live*. Uma junção bacana, um trocadilho. A Carol, que era minha gerente, disse:

"Conrado, esse domínio não é nosso". Respondi que era, sim, que eu tinha comprado. Foi quando descobri que tinha perdido o domínio (um domínio precisa ser pago anualmente para que você continue a ter direitos de uso).

No início da empresa, tive que recomprar o domínio por dois mil dólares, e a empresa não tinha esse dinheiro. Quer dizer, tinha, mas era todo o caixa da empresa. Foi quando eu falei para o departamento financeiro comprar, não me perguntar de novo, ir lá e comprar, porque era isso o que tinha que ser feito. Se custasse dez mil dólares, íamos arranjar o dinheiro, porque aquele era o nome do negócio. O nome nos escolheu, não fomos nós que o escolhemos. Era aquele o nome, não tinha outro. A gente foi lá e comprou o domínio por dois mil dólares e aqui está a Webliv. Aqueles dois mil dólares hoje não fazem diferença. Naquela época, fizeram, mas era o que tinha que ser feito. A questão de lançar a empresa foi, primeiro, em virtude de ela ser uma ONG. Hoje, virou algo muito parecido, só que no segundo setor. Estamos produzindo coisas, ganhando dinheiro, mas visando o setor dois e meio o tempo todo. Primeiro, a gente tem que se consolidar no segundo, para que consiga produzir mais conteúdo e subir para o setor dois e meio. Com o lucro, a gente consegue sobreviver, todo mundo recebe bem, fica feliz, distribui lucro e tal. O restante, a gente vai distribuir de outro jeito, multiplicando em coisas para as pessoas. É o que falo: "Tem que construir uma escola? Vamos comprar uma escola. Vamos comprar a mudança". Isso, para mim, é muito forte e só vem baseado em um negócio. O Jim Rohn diz uma coisa que acho genial: "Lucro é melhor do que salário. Salário paga as contas. Lucro cria riqueza".

Quero ter lucro para trazer riqueza, no sentido mais próspero da palavra riqueza. Não só riqueza de dinheiro, mas riqueza no sentido muito mais amplo de possibilitar que as pessoas que não tenham recursos para começar consigam o mínimo para iniciar. É o que o Muhammad Yunus faz. Tem gente que chega lá e lhe pede três dólares. Ele empresta três dólares, só que, com aqueles três dólares, a pessoa faz 300 dólares ao longo de um ano. Ela paga os três que pediu emprestado, sustenta a família, distribui dinheiro para quem precisa e faz o negocinho dela girar. É só disso o que algumas pessoas precisam. Morei três meses em um lugar sem cadeira. Não podia me sentar. Para mim, sentar seria incrível, porque meus joelhos doíam, já que eu ou estava sentado no chão ou estava de pé. No dia em que fui comprar uma cadeira, uma cadeira simples, foi uma revolução dentro do apartamento. As pessoas jogam as cadeiras fora, da mesma maneira que jogam conhecimento fora, jogam comida fora, jogam a si próprias fora. Por que não aproveitar o tempo em que estão, por exemplo, enchendo a cara em um boteco – ir ao boteco é legal, de vez em quando, mas só de vez em quando –, por que não pegar o tempo em que ficam ali e doá-lo para outras pessoas, dando a elas o mínimo para que possam multiplicar esse mínimo? Tem gente que tem tempo, mas não tem dinheiro; tem gente que tem dinheiro, mas não tem tempo. As pessoas que têm dinheiro, mas não têm tempo, podem doar um pouco de dinheiro para as pessoas que têm tempo, mas não têm dinheiro, para que consigam multiplicar o que têm e transformar isso em mais dinheiro. Então, pegariam parte daquele dinheiro e a doariam, porque o exemplo vai seguindo. Você segue o exemplo que teve. O ser humano não tem lado bom ou lado ruim; e ele nasce neutro. A formação que recebe, as experiências que tem e o que as pessoas lhe fazem é que desenvolvem o cérebro, a mente, moldando-os para que façam alguma coisa pelo próximo. Se você só recebeu pancada, tende a dar pancada; se recebeu coisas boas, tende a multiplicar coisas boas. É a corrente do bem. Aí é que as coisas boas vão se multiplicando. A Webliv nasceu para isso. Por isso, eu acredito na transformação.

Rápidas

Livro favorito?

Gosto muito da autobiografia de Paramahansa Yogananda; de *Jubiabá*, de Jorge Amado, que li na infância; de *Poder sem limites*, de Anthony Robbins; de *Gandhi*, que é a história. Gosto muito de livros de arte. Adoro arte. Fiz cursos livres de história da arte durante um tempo. Na minha estante, deve haver o valor de uns dois ou três carros zero em livros. E essa estante não é nem 10% do que vou ter ao longo das próximas décadas.

Você só aprende de uma maneira: tendo contato com pessoas. Você não aprende de nenhuma outra maneira. Você tem contato com pessoas por meio dos livros que elas escrevem, das entrevistas que concedem, dos cursos que dão, das conversas que tem com elas. Você só aprende com pessoas. Então, escolha muito bem os livros que vai ler. Adoro biografias também.

Músicas?

Adoro uma música do Erik Satie que se chama "Gymnopédie n. 2". Amo *jazz*, já ouvi doses cavalares de *jazz*. Hoje, ouço bem menos. Gosto muito de bossa nova também, de MPB, de forró pé de serra. Gosto muito de flamenco, de *rock* clássico dos anos 1970. E gosto de uma música dos Racionais, "Fim de semana no parque".

Filme?

Gosto de filmes que me transformem, que me inspirem. De longe, em primeiro lugar isolado, gosto de *À procura da felicidade*. Vejo esse filme a cada seis meses. Outro filme que vem à minha cabeça e que marcou muito minha infância e adolescência é *Em algum lugar do passado*, com o Christopher Reeve. Gosto da música desse filme também, "Somewhere in time", de John Barry. Gosto de filmes sobre pessoas, não sobre coisas. Biografias, histórias inspiradoras, de preferência reais.

Uma frase?
As pessoas não falham, elas desistem.

Hobby?
Trabalhar. A palavra trabalho é um pouco mal-interpretada. Quando digo isso, as pessoas pensam: "Que absurdo". Eu gosto daquilo que faço dez horas por dia e, por acaso, outras pessoas chamam isso de trabalho. É o que estou fazendo aqui. É trabalho, porque ganho dinheiro com isso, mas, quando chego em casa, continuo fazendo isso, sem ganhar dinheiro. [*Risos.*]

Uma viagem marcante?
Fiz minha primeira viagem de avião por volta dos 30 anos. Como toda pessoa que saiu da pobreza e ascendeu à classe média, fui para Buenos Aires. Foi minha primeira viagem internacional. Fui com minha mãe. Foi uma viagem muito legal. Alguns podem dizer: "Que absurdo", mas acho o maior barato Buenos Aires. Já fui para diversos outros lugares, mas aquela foi a primeira viagem, a primeira vez em que vi um avião levantar voo. Cara, foi muito legal!

Brasil?
Existem duas coisas bem diferentes: Brasil pátria e Brasil povo. Não acredito em bandeiras. Um grande amigo meu diz isso, o nome dele é Rafael Feliz. Engraçado, o nome dele é Rafael Feliz e tem a seguinte história: o avô dele, quando chegou da Itália, não tinha esse nome. No cadastramento de imigrantes, perguntaram

qual era o nome dele e ele respondeu: "Francisco". "Francisco de quê?" E ele começou a pensar na vida dele na Itália, naquela desgraça toda e respondeu que o sobrenome era Feliz, porque ia ser muito feliz nesta terra. E ficou, e fez uma família feliz. É genial essa história. Bom, esse amigo diz algo que tomei para mim: "Não acredito em bandeiras". Nunca se matou tanto na história da humanidade como se matou e se mata por bandeiras. Não é por religião, não é por peste, mas por bandeira. "Eu sou deste país, você é do outro, não gosto de você por causa disso e vou te matar por isso." As grandes guerras e até os conflitos étnicos são por causa de bandeiras. Muitos conflitos religiosos são por causa de bandeiras. As pessoas não se veem como iguais. Uma está sob a bandeira do fulano e a outra sob a do ciclano. Uma coisa é a pátria Brasil. Não acho que o cara que more a uma rua de distância de mim e more no Uruguai seja diferente de mim ou menos do que eu. Mas o cara é uruguaio! Bicho, ele é uma pessoa igualzinha a mim. Ele fala um pouco diferente de mim, mas é igual a mim. As bandeiras é que fazem a separação. Não acredito em pátria; acredito no povo. O povo brasileiro é muito legal, porém, bastante sofrido, que apanha todo dia, que não tem acesso à informação, é enganado de maneira descarada, vergonhosa. Esse povo, a gente tem que ajudar. Assim como tem que ajudar outros povos também, e por aí vai. Mas aqui estou perto, então, é mais fácil ajudar. Esse é o povo no meio do qual me criei, o povo que me ajudou. Existe uma separação: o Brasil como pátria é uma desgraça e, enquanto o povo não for informado o suficiente para eleger pessoas dignas o suficiente para comandá-lo – e isso só vem com informação –, vamos continuar vivendo no buraco. Estamos vivendo num buraco cada vez mais fundo.

Crê em Deus?

Creio em algo muito grande. Uma amiga minha disse uma coisa – não cheguei a pesquisar para saber se era exatamente isto ou se eu tinha entendido errado: na cabala, a palavra Deus vem do símbolo D, que se pronuncia "dis" ou "dus" ou algo parecido. Não cheguei a confirmar a informação, mas "dis" ou "dus" significaria o inominável ou o impronunciável. Não um impronunciável no sentido de não falar o nome em vão. Não é isso. É que é algo tão grande que não dá para nomear. Claro que, quando existe uma igreja que queira catequizar pessoas, ela tem que transformar coisas intangíveis em coisas tangíveis. Aí, dá nome, barba, idade, preço. [Risos.] A grande questão é que acredito em alguma coisa, mas não sei se essa coisa a ciência vai descobrir ou não, porque ainda não descobrimos muita coisa. Acredito na ciência, mas não na ciência de hoje. Acredito na ciência do futuro, que talvez seja uma ciência totalmente diferente do que se tem hoje, uma ciência que diga: "Sim, descobrimos, existe Deus e não tem nada a ver com o que estávamos estudando; é outra coisa, que vai abrir outro ramo da ciência que até agora se chamava religiosidade, espiritualidade". Existem outras dimensões, sei lá o que, mas acredito que exista explicação para tudo. Isso faz de mim uma pessoa agnóstica, mas sou crente em alguma coisa que não se consegue explicar. É uma questão de tempo, mas acredito que exista alguma coisa grande à qual não dou nomes, porque acho que quem nomeia limita. Alguém disse isso, não me lembro quem. Aliás, o Daniel Goleman, no livro *Inteligência emocional*, escreveu coisa muito parecida: "Quem nomeia se apodera". Quando você nomeia um sentimento, você se apodera daquele sentimento. Quando você nomeia, limita e se apodera. Uma coisa grande, você não consegue nem limitá-la nem se apoderar dela. Ela não cabe em você. Talvez, você seja parte dela, mas não dá para nomeá-la. Então, a pergunta talvez seja no que você acredita, e eu acredito nisso.

Medo?
Medo é uma projeção de futuro. É só uma projeção de futuro. Vi isso num filme e achei muito legal. É exatamente isso. Engraçado, eu acredito muito em viver no presente, viver no agora. O Eckhart Tolle fala nessa linha. Você tem que viver no agora, no presente, e viver no presente significa que você está atento a tudo o que está acontecendo agora, ao mundo agora, porque aquele momento nunca mais vai voltar e você perderá uma chance incrível de aprendizado. Tento aprender com tudo, então, estava vendo o filme *Depois da Terra*. O filme é legal, apenas legal, mas tem uma frase que acho genial: o medo é uma projeção de futuro. É uma coisa que não aconteceu ainda, pode até ter um perigo real, mas o medo é uma projeção de como aquele perigo vai impactar você, mas ainda não aconteceu, não impactou, porque, se impactasse, não seria medo, seria realidade já, mas o medo é uma projeção de futuro, ou seja, uma coisa que não existe. Se você vive no agora, se se concentra no agora, você não tem porque ter medo. No máximo, precisa ser cauteloso. Não vou fazer isso, pois posso morrer. Eu sou cauteloso. Quando começamos a racionalizar, começamos a perder o medo, a nos ligar no presente e agir conforme o que está acontecendo, mas sem aquele sentimento muitas vezes infundado que é o medo, que gera preconceito e um monte de coisas ruins.

Família?
Importantíssima, mas família não são só aquelas pessoas que nasceram com o mesmo sangue. A minha família, excluindo

minha mãe e minha avó, não era grande coisa. Não é porque as pessoas morreram que vou falar que eram grande coisa, porque não eram, ponto. Família são as pessoas que você escolhe. Podem ser parentes de sangue, mas são as pessoas com quem você se conecta de fato. É como se fossem laços de sangue, porque o sangue, na realidade, é só um conceito. Não é o sangue que faz você gostar ou não de alguém, é outra coisa, é uma ligação, é algo muito mais profundo.

Educação?
De novo, vou separar em duas partes. Primeiro, a educação formal, que recebemos na escola, uma educação forjada na Revolução Industrial, para produzir empregados, funcionários, ou seja, para que o ser humano funcione. Então, você tem que aprender a funcionar de um determinado jeito, não exatamente o seu jeito, mas um jeito do qual uma empresa precisa. O que acontece hoje é que estamos vivendo uma nova Revolução Industrial, porque falta mão de obra. Aí, as empresas começam a bancar as faculdades e, obviamente, quem banca manda: "Quero que você construa um laboratório de informática para ensinar isto aqui, porque é isto de que eu preciso lá na empresa". Aí, cria-se esse mito da "empregabilidade". É um mito. Por que precisamos ter um emprego? Trabalhar em uma multinacional? Por que alguém quer trabalhar em uma multinacional? Por que ele não pode, por exemplo, plantar? Por que não pode prestar serviço de qualquer coisa? Porque multinacional é chique. Então, estamos falando de comprar *status*. Você quer ter os benefícios de uma empresa assim, carro importado e hotel cinco estrelas, mas paga um preço muito alto para isso, é sugado na jugular, porque está comprando algo que vai suprir sua carência. Algumas pessoas querem isso. Há a questão de saber onde você está. Mais ou

menos como o "*show* de Truman": se quer viver na cidade criada para você, legal, não há nada errado, mas tem que saber que está vivendo aquilo. O problema não é jogar o jogo; o problema é saber qual é a regra do jogo e aceitá-la. Algumas pessoas descobrem muito tarde que não querem jogar aquele jogo. Só que, nesse momento, já estão comprometidas com aquele jogo até o último fio de cabelo. Isso é perverso. Você já não consegue sair daquilo, vai criando uma armadilha para você. Então, existe uma educação para você funcionar. Não há nada errado com isso. Você tem que aprender matemática, português, física, química, biologia. Legal, talvez não no nível em que a gente aprende algumas coisas, mas, tudo bem, tem que aprender um monte de coisas. A escola, o formato da escola de hoje, da faculdade, é o mesmo do ano mil e poucos. É o mesmo formato, não mudou nada. As pessoas mudaram, a tecnologia mudou, o mercado mudou, a sociedade mudou, tudo mudou, mas continuamos com o mesmo formato, um formato que não faz com que o professor seja uma pessoa mais desenvolvida. O professor, na minha opinião, que já dei aula também, deveria atuar como facilitador, não como distribuidor "vomitador" de conteúdo, aqueles que têm que absorver do jeito que podem, para aplicar uma prova no final. É um sistema idiota de medir, mas existe esse lado. E existe outro lado, que defendo na Webliv: queremos trabalhar em cima disso, das habilidades socioemocionais, das habilidades não cognitivas, as *soft skills* – liderança, trabalho em sociedade, empatia. Preciso mais exercer a liderança do que usar a fórmula de Bhaskara; preciso ser mais empático em relação a alguém do que saber o teorema de Pitágoras. Eu aprendi e até sei isso, mas não uso para nada. Agora, empatia, compaixão, trabalhar em sociedade, uso o tempo todo. Então, existe esse lado da escola, que hoje é nulo, mas que cria seres humanos melhores, e seres humanos melhores significa seres humanos mais críticos e conscientes da própria condição humana e do próprio papel na sociedade. Aí, esse ser humano se dá conta: "Puxa, não preciso trabalhar em uma multinacional para ser alguém bacana. Sei que sou alguém bacana. As pessoas que estão à minha volta sabem que sou bacana. Não preciso vestir um terno de dez mil reais e comprar um sapato x ou um carro xyz para mostrar para o mundo quem eu sou nas coisas que tenho. Eu sou eu, eu sou, ponto". No ioga, tem muito essa questão de você é, acabou. Quem você é. A pergunta mais difícil de responder é esta: quem é você? Eu sou o Conrado; não, esse é o meu nome. Eu sou empresário; não, essa é minha atividade. É muito difícil explicar quem você é, talvez não exista palavra para definir, você é, ponto. Talvez, se tivesse consciência do mundo, você não precisasse de coisas para mostrar que é, mas precisa de coisas, pois a educação é falha. A gente aprendeu só a educação fase dois, não a educação fase um, que é ensinar a ser humano, e não a ser um empregado, empresário ou qualquer outra coisa. A atividade profissional é essa que a gente aprende, a outra foi esquecida. Aprende-se com a vida, que é uma professora muitas vezes cruel. Uma professora dura, que, às vezes, não ensina bem. Alguém pode chegar aos 80 anos de idade e pensar: "Como não aprendi isso?". E como disse Nadine Stair no poema "Instantes": "Mas, já viram, tenho 85 anos e estou morrendo".

Fim, acabou. Seu tempo acabou e você não aprendeu. Não aprendeu, porque não lhe deram essa instrução, nem lhe falaram que isso existia. E você nem foi percebendo aos poucos, com a vida. Você não aprendeu a ser humano; aprendeu a ser um profissional, a ser um bom empregado. Adoro o Gonzaguinha.

Ele fez uma música chamada "Comportamento geral", que diz: "Você deve lutar pela xepa da feira/e dizer que está recompensado/ Você deve rezar pelo bem do patrão e esquecer que está desempregado".

Hoje, o autodidata acaba aprendendo muito mais do que um universitário, dependendo do curso.

Eduardo Lyra

Jovem jornalista, escritor, empreendedor social, palestrante e fundador do Instituto Gerando Falcões. Considerado pela revista *Forbes*, em 2014, um dos brasileiros com menos de 30 anos mais influentes do país.

O que o levou a querer ser jornalista e a sacudir os jovens para que busquem seus sonhos?

Acredito que as histórias têm o poder mágico de mudar outras histórias. Existem várias formas de causar impacto na sociedade, e uma delas, certamente, é inspirando pessoas por meio de histórias, para que elas possam olhar para suas vidas e se enxergarem como protagonistas de histórias relevantes.

O que o move?

Uma fome, um desejo, uma obsessão poderosa e irreversível de mudar o mundo em que estou inserido. Isso me dá força e me faz pular da cama lotado de energia para seguir em frente, mesmo quando, a princípio, tudo pareça impossível.

Como vê o futuro para o jovem no Brasil?

O futuro sempre é construído! Ele nunca é óbvio e jamais pode ser sentenciado. O jovem brasileiro é, seguramente, o grande potencial do mundo, portanto, se utilizar dos seus *drivers*, ele se torna impossível de ser superado. Claro que isso depende de uma série de fatores, bem como de investimento do governo em educação. Depende das oportunidades que esse jovem vai ter ou não na vida. Mas acredito piamente que, independentemente do contexto que se viva, a combinação de sonho grande e atitude persistente pode levar pessoas comuns a lugares incríveis ao lado de pessoas extraordinárias.

O que é sucesso para você?

É fazer aquilo que você ama, porque, sem amor, ninguém é capaz de fazer algo significativo e relevante.

Quem foi ou é uma grande inspiração?

A minha mãe, Maria Gorete de Brito Lira, porque, quando eu ainda morava num barraco de favela e não tinha nenhuma possibilidade de virada social, ela olhava dentro dos meus olhos e dizia: "Não importa de onde você vem, mas, sim, para onde vai na vida". Ela me fez acreditar que o meu sonho e a minha criatividade eram maiores do que a pobreza e podiam aumentar a altura do meu voo, tanto que me tornei jornalista, escritor, roteirista e empreendedor social. Fui eleito pelo Fórum Econômico Mundial um dos 15 jovens brasileiros que podem mudar o mundo. E saí na lista da revista *Forbes Brasil* como um dos 30 jovens com menos de 30 anos "mais influentes" no Brasil. Nada mau para quem vivia numa realidade em que, diz a ONU, se você não for branco e morar em favela, a expectativa de vida é de 25 anos. Acho incrível contrariar estatísticas e ser aquilo que os outros imaginam que você não pode ser.

Qual foi o momento mais difícil para você até agora?

A vida é sempre *faseada*, e cada fase apresenta um desafio. Antes, era sair da favela. Depois, me formar etc. Hoje, eu criei o Instituto Gerando Falcões (IGF), que inspira e empodera jovens de comunidades carentes. Já tocamos milhares de jovens e o meu maior desafio é dar sustentabilidade a esse projeto, fazer com que ele seja uma ferramenta da sociedade, que ficará para meus filhos e netos e seus filhos e netos. Fazer coisas que persistam no tempo é um desafio de gente grande, ao qual dedico 80% do meu tempo. E tenho certeza de que vou conseguir e o IGF dará uma significativa contribuição ao país.

Como tem superado os desafios?

Estou superando dia a dia! Focado, determinado, ao lado de muitas pessoas que têm um coração generoso.

Qual dica daria aos que alimentam um sonho?

O remédio para quem está sonhando é sonhar ainda mais! Mas o sonho, por si só, não basta. É preciso carregar a coragem de ir em direção ao trabalho duro, ser faminto pelo conhecimento, ter uma persistência implacável para ouvir "não" e continuar tentando e, sobretudo, ter uma boa dose de teimosia, porque algumas ideias parecem malucas, mas, no final, são elas que mudam o mundo para melhor.

O escritor e **best-seller** *Augusto Cury escreveu: "A maioria dos jovens da atualidade não tem sonho, nem maus nem bons. Eles não têm uma causa pela qual lutar". Você concorda com ele e, por isso, sua iniciativa Gerando Falcões?*

Infelizmente, o Augusto acertou. Sim, falta sonho. E o país que não coloca os jovens para sonhar está fadado a enfrentar sérios problemas no futuro.

Rápidas

Livro favorito?
Atualmente, a biografia de Paulo Coelho, *O mago*, de Fernando Morais.

Filme?
Gladiador.

Uma frase?
Tudo é possível e todo mundo pode.

Crê em Deus?
Demais. Ele está comigo agora.

Medo?
O que eu quero está do outro lado do medo.

Família?
Porto seguro. Minha fonte de inspiração.

Educação?
Desprezada pelos políticos.

Uma viagem marcante?
Sempre que viajo com a minha namorada.

Mario Sergio Cortella

Nascido em Londrina, no Paraná, em 5 de março de 1954, filósofo, educador, escritor e palestrante. Tem mestrado e doutorado em Educação. Foi professor da PUC-SP por 35 anos, de 1977 a 2012, com docência e pesquisa na pós-graduação em Educação-Currículo (1997 a 2012) e no Departamento de Teologia e Ciências da Religião (1977 a 2007). É professor convidado da Fundação Dom Cabral desde 1997 e ensinou no GVpec da FGV-SP (1998 a 2010). Foi secretário municipal de Educação de São Paulo (1991-1992).

O que o levou a seguir o caminho de filósofo e educador, escritor e palestrante? Houve algum plano ou foi acontecendo?

Havia um plano. Eu, nascido em Londrina, no norte do Paraná, sempre quis ter alguma experiência no campo da espiritualidade e religiosidade que fosse mais densa e, assim, quando estava com 15, 16 anos, imaginava que um dos modos de realizar uma ação social mais intensa seria um trabalho dentro do clero católico, especialmente no tempo da ditadura no Brasil. Eu vim para São Paulo em 1967, portanto, durante o período inicial da ditadura militar, e a ideia de poder fazer um trabalho social com aquilo que seria a proteção de uma instituição, como a Igreja, foi a minha ligação com a espiritualidade cristã. Ela me dava esse ânimo e, por isso, decidi que entraria num convento. Para entrar em um convento – e eu entrei com 17 para 18 anos e vivi na clausura por três anos –, precisaria fazer um curso superior enquanto estava na clausura. Fiz vestibular e fui aceito na Universidade de São Paulo, na PUC-SP e entrei na escola dos jesuítas, que hoje fica na PUC-Rio e, na época, no quilômetro 26 da Via Anhanguera. Decidi cursar a faculdade com os jesuítas. Fiz os quatro anos de filosofia em três e, ao final do terceiro ano da vida conventual, achei que minha experiência no campo da religiosidade era suficiente para o que eu desejava. Além disso, a filosofia me encantava, como algo no campo da prática, da docência e do ensino, e saí. Então, terminei a universidade em 1975, ao final do terceiro ano do meu curso superior, mas, no último ano em que estava na universidade, fui convidado a dar aulas na mesma instituição onde estudava e é até uma situação curiosa, porque, como eu fazia filosofia e ciências sociais em horários diversos, no ano de 1976, aos 21 anos, estreei na vida acadêmica já como professor universitário. Naquele ano, passei a dar aulas de ética social para meus colegas do ano anterior e foi uma experiência muito boa, muito adequada e muito acolhedora. Mas, no final de 1976, houve a possibilidade de ir para a PUC-SP e, no dia 3 de março de 1977, aos 23 anos incompletos, comecei como professor nessa instituição. Lá fiquei por 36 anos e me aposentei como professor titular. Fiz uma carreira acadêmica, na área de filosofia, ciências da religião e, também, educação. A questão é que eu quis fazer mestrado e doutorado na área de educação e não na área de filosofia, porque queria trabalhar com filosofia da educação. Fiz o mestrado e o doutorado na PUC-SP. Quem me orientou no mestrado foi o professor Moacir Gadotti e, no doutorado, o professor Paulo Freire. Eu estava na área de docência, educação, palestras e também na área de TV e rádio, porque sempre gostei de fazer isso, sempre tive essas atividades no dia a dia. Tive envolvimento político. Quando o Partido dos Trabalhadores foi fundado, em 1979, eu estava na origem das discussões, porque o PT, na base, é um grupo de sindicalistas com um grupo de intelectuais e um grupo ligado à Igreja católica. Eu estava entre os intelectuais.

A partir daí, quando Paulo Freire voltou do exílio, em novembro de 1979, passei a fazer trabalhos ligados a alguns institutos, que o recém-criado PT carregava. Um deles era a Fundação Wilson Pinheiro, que foi o grande mestre de Chico Mendes e que, também como ele, foi assassinado. Mas, antes dele, Paulo Freire o presidia e tive atividades ali. Em 1988, quando Luiza Erundina foi eleita prefeita de São Paulo, para assumir em 1989, fui convidado por Paulo Freire a fazer parte da equipe. Fiquei dois anos como secretário-adjunto. Depois, Paulo Freire decidiu que não ficaria no cargo de secretário da Educação durante os quatro anos de governo, mas apenas dois, para estruturar o trabalho. Foi o que ele fez. Ele saiu e fiquei no lugar dele, nos dois anos subsequentes. Portanto, até o início dos anos 1990, tive uma carreira em várias áreas. A escrita é inerente a qualquer uma dessas três atividades, e a produção intelectual na área de educação, na área de filosofia e na área organizacional veio como decorrência até da capacidade de não ficar recluso dentro de mim mesmo.

O que o move?

O que me move é um gosto imenso por um otimismo crítico. Tenho uma percepção de que é absolutamente tolo deixar que a vida vá se esvaindo sem que se coloque nela um propósito, que atenda, sim, também meu desejo individual, mas que tenha uma inserção maior em uma vida de comunidade na qual eu possa ter simplicidade sem miséria, capacidade de alegria sem tolice e, ao mesmo tempo, tenha orgulho sem arrogância. Portanto, algo que faz com que eu goste de estar no palco, goste de ser aplaudido, mas também de ser aplaudido pelo conteúdo que levei para que as pessoas o fizessem. Então, há dois prazeres: saber que apreciaram, mas ser capaz também de repartir um determinado conteúdo, por isso, esse otimismo crítico é aquele que impede que eu seja marcado pela inação, no aguardo de que as coisas aconteçam. Gosto de buscar. Não tenho uma percepção do evolucionismo automático, de supor que as coisas irão sempre em direção a algo que é melhor, mas de um evolucionismo darwinista, sim, de que as coisas serão diferentes, não obrigatoriamente melhores. Elas poderão ser melhores, se eu delas participar no que se refere a mim e a minha circunstância, portanto, é isso o que me move.

Como vê essa busca por fama a todo custo, muitas vezes, como única opção dos jovens?

Uma parte dos jovens faz isso, mas outra parte não o faz. Temos toda uma sociedade que induz à celebridade, ao espetáculo e, portanto, uma sociedade que supõe que ser anônimo é ser inexistente. Quase que retomando a frase clássica do filosofo irlandês George Berkeley, que dizia que "ser é ser percebido", se você não é percebido, você não existe. Acho que essa ansiedade leva a uma vacuidade, a um vazio muito forte, porque ser percebido é algo que acaba fazendo com que as pessoas ganhem um nível de narcisismo muito grande, que pode até satisfazer por certo tempo, mas, nessa hora, retomo a agradável e gostosa frase de Santo Agostinho, que vivo repetindo: "Não sacia a fome quem lambe pão pintado". Portanto, essa aparência, ela é absolutamente vazia, fluida, evanescente. Acho que nós, educadoras e educadores, temos que trazer isso como um tema no dia a dia para os jovens e, em vez de dizer: "O jovem é assim...", que é algo que nada resolve, é preciso dizer: "Sendo assim, o que podemos fazer para que nem eles nem nós assim sejamos?".

O que é sucesso para o senhor?

Sucesso é a capacidade de você olhar sua trajetória e perceber que ela é decente, isto é, que ela foi feita sem você ter sido cruel, sem você ter sido oportunista, ou seja, sem você ter usado as pessoas para obter algum tipo de resultado e, ao mesmo tempo, um reconhecimento – reconhecimento esse marcado pela capacidade de ser entendido como uma pessoa que é importante naquela atividade. De um modo geral, o sucesso pode ser ou não acompanhado de condições materiais mais favoráveis. No meu caso, foi, por conta da própria atividade. Minha condição econômica melhorou, com essas outras condições que indiquei, mas sem que isso me grudasse numa "consumolatria" desesperadora, da qual eu nem parte tenho. Eu não tenho alguns encantos que esse mundo do sucesso carrega, por exemplo. Jamais, para mim, sucesso seria ter um carro do ano, até porque nem dirijo, não tenho carteira de motorista. É algo que não produz em mim encantamento. Eu tive uma grande ideia hoje, não mais de posse de livros, de ter algumas obras, tê-las comigo e afagá-las, folhear; hoje venho, no dia a dia, com uma prática que cada vez é mais extensa: mal termino de ler um livro, esteja onde estiver, no avião, na rodoviária ou na rua, passo o livro para a primeira pessoa que encontrar. Passo adiante, porque se tem uma coisa que me entristece hoje é ver um livro parado numa estante. Ao vê-lo parado, fico imaginando a inutilidade que é aquilo. Então, o sucesso, ele vem do meu gosto de estar vivo, de uma maneira que seja decente.

Quem foi ou é uma grande inspiração?

Grandes homens e mulheres me inspiraram. Eles têm uma característica em comum: são a encarnação da esperança ativa, portanto, da esperança, como dizia Paulo Freire, de "esperançar" e não de esperar. Existem grandes homens e mulheres na história que me inspiram, seja do ponto de vista intelectual, seja do ponto de vista da ação. Então, Sócrates, Sidarta Gautama (Buda), o próprio Paulo Freire como o mais contemporâneo e o mais próximo também na minha vivência, madre Teresa de Calcutá, irmã Dulce, Martinho Lutero, Jesus de Nazaré, Giordano Bruno, Galileu Galilei são pessoas que, quando fui passear um pouco em suas histórias de vida, todas elas tinham um ponto em comum, aquilo que terminou agora em 2013 com a expressão forte de Nelson Mandela. Portanto, essa esperança ativa é sempre muito influenciadora. Algumas pessoas vivas neste momento em que conversamos também servem de inspiração para mim, entre elas, Paulo Evaristo Arns, um homem especial, nascido em 1921, um homem de uma honradez inacreditável e com uma capacidade de ação que não dá para descartar. Portanto, daqueles que estão agora no circuito, quem ainda me ilumina como expectativa de esperança ativa é Paulo Evaristo Arns.

Qual foi o momento mais difícil em sua carreira?

Foi, por incrível que pareça, o momento em que eu, deixando de ser mero discente, passei a ser docente de meus colegas, porque a disciplina que mencionei antes, a ética social, era lecionada no quarto ano de ciências sociais. Eu era um aluno recém-saído da filosofia e de uma parte das ciências sociais. Entrar numa sala, com uma programação estruturada e trabalhar com colegas... O problema não era vergonha, mas sim a percepção da não capacidade. Nesse momento, contei com o apoio muito grande do professor de quem eu era assistente. Eu era responsável por ética social, mas fui chamado para ser assistente de metodologia científica, com um professor que tinha sido meu professor nessa disciplina chamado Paulo Afonso Caruso Ronca. Eu ensinava ética social, mas ficava ao lado dele enquanto ele dava metodologia científica. Assim, fui aprendendo bastante a desenvolver mais a procura, a humildade, a capacidade de relação, uma percepção que fosse mais dialógica, logo no início, e menos iluminista. Quem se forma em filosofia e entra para dar aula precisa de cautela para não tentar ser iluminista, supor que já sabe e ter como referência algo que escrevi um dia, ao ler o mito da caverna de Platão: não supor que já está do lado de fora. Esse foi um momento difícil, porque foi um momento em que o trabalho de parto ainda estava em realização. Depois, as coisas seguiram de maneira mais escorrida.

Como superou esse momento?

Com a necessidade de prestar atenção em quem não era como eu e em quem já sabia coisas que eu não sabia. Portanto, olhar a minha volta e enxergar um pouco o que estava na minha circunstância e não admitir, de maneira alguma, uma coisa extremamente frágil, algo de palerma, achar que sozinho conseguiria. Nessa hora, o modo de superação foi, de fato, procurar ajuda. Procurar ajuda não é um ato de covardia; ao contrário, procurar ajuda, nesse caso especialmente, é um ato de inteligência. Foi assim que fiz, procurando ajuda.

Qual dica daria aos que alimentam um sonho?

A primeira delas é examinar com muita dedicação qual é a factibilidade desse sonho, se ele é factível. Gosto sempre de lembrar que é necessário distinguir sonho de delírio. Sonho é o desejo factível, delírio é o desejo não factível. A factibilidade está em examinar o que, de fato, consigo fazer, portanto, não se iludir apenas com a ideia do desejo e da força de vontade. Uma das frases mais frágeis que se pode dizer é: "Basta força de vontade". Não, não basta. É preciso ter condições, é preciso buscá-las, é preciso construí-las. É claro que a força de vontade é um combustível presente nisso. Portanto, o primeiro passo é examinar a factibilidade daquilo que se deseja como sonho. O segundo é ir construindo os instrumentos para que a factibilidade se torne realidade. Portanto, ir buscá-los, não ficar numa posição expectante, aguardando que cheguem. Nessa hora, o factível agregado ao realizável, de fato, se transforma num sonho que deixa de ser sonho e que se torna um desejo a ser fruído, aproveitado e alegrado.

Qual a importância de ter vivido no convento durante três anos?

Foi decisivo para eu aprender, primeiro, a ficar quieto, isto é, a ideia do silêncio como algo que tem que ser valorizado. Eu só me comunicava com palavras enquanto estava na universidade, das 8 às 12 e das 19 às 23 horas. No restante do tempo em que eu estava no convento e nos finais de semana ou nos feriados, era um silêncio, nem durante as refeições se falava. A gente se comunicava por gestos e, portanto, a preservação do silêncio na clausura era algo que me fazia aprender bastante comigo, prestando atenção e me ouvindo. Segundo, foi uma experiência da espiritualidade que podia ser meditada e não automática, robótica, vivida apenas de modo ostentatório, socialmente colocado. Terceiro, havia a possibilidade de falar uma vez ao dia, das 19 às 20 horas. Quando eu estava lá na clausura, havia um horário em que os monges podiam conversar. Eu e mais alguns éramos os únicos brasileiros, os outros eram todos estrangeiros, portanto, era uma experiência policultural, multinacional. Eu conversava especialmente com um monge que já faleceu faz tempo, chamado Demétrius. Ele era lituano e tinha 72 anos quando eu tinha 18. Ele havia participado da Primeira e da Segunda Guerra Mundial, então, era uma enciclopédia viva com quem dialogar. Uma coisa complexa, porque ele não falava um idioma por si mesmo, ele mesclava cinco ou seis idiomas, tudo ao mesmo tempo e na mesma sentença, o que me levou a desenvolver um ouvido conectado a essa forma metropolitana de ser. E a experiência do estudo dedicado, intenso e agregado ao trabalho manual, porque, na vida comunitária, todos tínhamos que trabalhar para sobreviver – a frase clássica do apóstolo Paulo dos cristãos: "Quem não trabalha, não come". Então, cada um de nós tinha atividades todos os dias após o estudo, após a meditação. A minha era cuidar de coelhos e de pinheiros. Havia um grande pinheiral. Alguns pinheiros eu plantei, de outros eu cuidava, roçava, mantinha livre de pragas, essas coisas. Esses momentos eram muito fortes, de uma conexão somática, quando o corpo sofre, quando ele sua, quando a foice curta dá calos nas mãos. Isso tudo vai educando uma cabeça intelectual. Enquanto foiçava, eu pensava em Parmênides, Heráclito, Zenão, Platão.

Ouvi certa vez dizerem que o senhor é o professor e mestre educador que deu certo. O senhor concorda com essa visão? Se sim, o que considera ter sido fundamental para isso?

Sim, dei certo, porque sou, de fato, educador. Não gosto muito de uma divisão que foi um dia introduzida pelo doutor Rubem Alves, mas em outro contexto, que é de professor e educador, porque essa distinção acaba produzindo a ideia de que alguns valem mais e outros valem menos. Somos todos, de algum modo, educadores e educadoras. Alguns educadores são professores, que é o meu caso. Professor é uma profissão. Educador é todo aquele ou aquela que vive na vida, ensina e aprende de maneira recíproca. Mas eu me considero, sim, um professor que deu certo, se entendermos que dar certo é ser capaz de comunicar aquilo que precisa ser comunicado. Um dos elogios que recebo e me agrada – porque só sei se dá certo por aquilo que avalio e no que sou avaliado – é quando alguém diz que entendeu o que eu disse, que eu me comunico de forma clara. Aliás, mesmo eu sendo da área de filosofia, que é uma área de complexidade maior, vez ou outra, as pessoas colocam nas redes sociais ou falam que eu consigo traduzir a filosofia de uma maneira mais compreensível. Por isso, naquilo que é a tarefa docente, eu me considero, sim, alguém que deu certo, mas, de maneira alguma, me considero um dos poucos que deu certo. Não, de maneira alguma, eu sou um dos milhares e milhares, imagine. Dona Mercedes, que me alfabetizou, e que alfabetizou centenas e centenas de crianças em Londrina, deu muito mais certo, se eu imaginar que nunca alfabetizei uma criança na vida.

Parece-me que, à medida que evoluímos tecnologicamente, vamos regredindo em respeito cívico, comunitário e moral. Que leitura o senhor faz disso? Cabe voltar a ensinar uma matéria como educação moral e cívica, como no passado?

Sempre irá variar, dependendo da sociedade de que estejamos falando. Toda generalização é abusiva. Estamos regredindo sim, especialmente nas sociedades ocidentais, muito tecnológicas com grandes metrópoles, mas não temos isso nem no mundo todo, nem em todas as comunidades humanas e nem em todas as cidades. Por isso, se pegarmos como referência as metrópoles, há uma regressão no modo de convivência comunitário, há uma expressão muito limitada daquilo que seria uma vida de proteção recíproca, de mecanismos de autopreservação, de convivência menos individualista. Mas não é a tecnologia em si que produz isso; ela apenas favorece, quando mal usada. Tem um exemplo, que dou sempre e queria retomar: há uma maçã sobre a mesa e uma faca ao lado da maçã. Posso pegar a faca e partilhar contigo a maçã ou posso pegar a faca e tomar a maçã só para mim, deixando você para trás. É claro que a faca não é o problema. Portanto, não é a tecnologia como modo. Algumas coisas da tecnologia alteram a mentalidade, porque nos levam a uma convivência mais apressada, e esse apressamento é, sim, um paradigma que a tecnologia trouxe à tona, mas é possível freá-lo, ganhando um pouco mais de paciência, não de lerdeza, mas de paciência naquilo que a gente tem que fazer. Por isso, domar a tecnologia, fazer com que ela não seja nossa senhora, nossa proprietária, mas que nós sejamos os proprietários dela.

Rui Barbosa disse, há mais de um século, que "A educação popular é a mais fecunda de todas as medidas financeiras". Parece que nada fecundo foi realmente feito para melhorar a educação, ou foi?

Foi bastante. Nos últimos 20 anos, o Brasil começou a negar a ideia do Rui Barbosa. Não como teoria, ao contrário, como prática. O Brasil, durante 470 anos, viveu uma indigência educacional fortíssima. Portanto, viveu alguns fôlegos, no início dos anos 1920, com algumas reformas, feitas especialmente por Sampaio Dória, viveu de novo no movimento dos educadores pioneiros, em 1930, com Anísio Teixeira, Fernando de Azevedo. Teve, de fato, algum fôlego nos anos 1960, com movimento da educação popular, com Paulo Freire, com o teatro do oprimido do Augusto Boal, mas, no conjunto da obra, durante 470 anos, resfolegamos com uma educação pública indigente. Só nos últimos 30 anos é que começamos um caminho no qual, como digo eventualmente, "saímos da UTI na área educacional". O governo do Itamar Franco, substituindo Fernando Collor, começou a dar alguns passos na área de proteção daquilo que hoje se chama de educação básica. Depois, os dois governos do Fernando Henrique, os dois do Lula e o da Dilma retiraram da indigência, da miséria educacional. Portanto, produziram uma série de situações que estenderam o atendimento quantitativo, em algumas circunstâncias já qualitativo, mas, como eu disse, da UTI saímos, e fomos para a enfermaria. Vamos demorar um pouco para ter alta. Espero que, até 2022, quando fizermos 200 anos de independência formal, tenhamos índices mais adequados. Mas, de maneira alguma, Rui Barbosa está equivocado; ao contrário, a única coisa é que isso não ressoava com tanta velocidade. Eu até rio hoje, quando alguns empresários, de maneira cínica, dizem que uma das coisas que temos no Brasil é falta de mão de obra, que a escola não preparou. Costumo lembrar que o partido que representou o empresariado no Brasil foi o PFL, que depois mudou de nome e depois mudou de novo. Quero lembrar que, antes do governo Fernando Henrique Cardoso, do governo Lula e do governo Dilma, o Ministério da Educação, responsável por formar a geração que hoje tem 30 anos, estava na mão do PFL. Isto é, vamos pela ordem, Marco Maciel do PFL de Pernambuco, vice-presidente da República no governo Sarney; Carlos Chiarelli do PFL do Rio Grande do Sul; Hugo Napoleão do PFL do Piauí; Jorge Bornhausen do PFL de Santa Catarina. Portanto, cara pálida, do que é que estamos falando?

Em sua visão, qual o papel do professor?

O papel do professor é o papel de um inspirador, em que ele precisa ter uma atitude docente. Aquele que tem autoridade docente, sem autoritarismo, é quem conduz uma sessão em que ele não é o único que sabe. Ele é aquele que tem a responsabilidade sobre o modo como circulam os saberes que ali estão, sejam os saberes de natureza técnica, sejam os de natureza atitudinal, sejam os de natureza ética, e assim por diante. Portanto, não é o docente ou a docente alguém que faz sozinho o que faz, mas que tem uma responsabilidade, que é o magistério. Essa atitude magisterial exige, acima de tudo, competência de formação científica, solidariedade social e percepção dialógica, para que aquilo que o docente faz tenha a finalidade de elevar a comunidade na qual a gente se insere. Portanto, é, sim, o docente alguém que tem uma tarefa elevatória em relação a condições de vida e consciência de uma comunidade.

Para uma escola melhor, falta coragem ou falta vergonha?

As duas coisas, porque a ideia de coragem e de vergonha estão conectadas. Uma escola melhor exige também um cidadão e uma cidadã que façam escolhas de governantes que tenham compromisso não hipócrita com a educação pública. Em segundo lugar, compromisso com uma atenção cotidiana à escolarização. Oitenta e sete por cento do ensino no Brasil é público. O ensino privado é de 13%, portanto, é absolutamente minoritário. Cada escola precisa ter seu conselho de escola ou colegiado escolar; cada município deve ter seu conselho municipal de educação. De maneira geral, as pessoas não participam, não querem participar e não estão participando. Se não participam, se omitem e, se omitindo, são cúmplices. Portanto, é, sim, questão de coragem e, claro, questão de ser capaz de perder a vergonha de gerir aquilo que é seu, que se chama escola pública. Desse ponto de vista, vale também a necessidade de enfrentar governos que são patifes, que, ao se juntar às classes médias acovardadas e às grandes massas silentes, acabam dando uma receita em que a maldade, em vez da bondade, é proeminente na qualidade.

Rápidas

Livro favorito?
Meu livro favorito no Brasil é *Quarup*, do Antonio Callado, que conta toda uma trajetória de brasilidade no século XX que me encanta imensamente. Fora daqui, meu livro predileto é *Criação*, escrito pelo norte-americano Gore Vidal, falecido também, como Antonio Callado. São duas obras importantes em minha formação, do ponto de vista literário. Do campo da formação da filosofia e da teologia, a *Bíblia* cristã tem peso; os *Diálogos* de Platão, especialmente a "República"; o pensamento de Santo Agostinho em *Cidade de Deus e cidade dos homens e Confissões*; Tomás de Aquino no estudo sobre a alma; Descartes no *Discurso do método*; Kant em *Fundamentações metafísicas da moral*; Martin Heidegger na obra *Caminho do campo*. Há uma série de influências que são meus livros de convivência. Na infância, *O sítio do pica pau amarelo*, do Monteiro Lobato.

Filme?
Amarcord do Fellini, inesquecível para mim. Vejo, revejo, *trevejo*, e gosto demais. É um filme que trata da infância dele na cidade em que nasceu, Rimini. Ele conta a vivência dele na escola, durante o fascismo, a descoberta da sexualidade. Acho de uma beleza inacreditável. *Amarcord*, na região dele, quer dizer "eu me lembro". *Amarcord*, recordar, fazer passar por dentro do coração. Portanto, é meu filme de existência.

Uma frase?
Frase especial é aquela que, um dia, o apóstolo Paulo dos cristãos disse na Primeira Carta aos Coríntios: "Tudo me é lícito, mas nem tudo me convém".

Hobby?
Meu *hobby* predileto é cozinhar. Claro que não é ler; ler é meu trabalho, que faço com alegria e prazer. Gosto muito de cozinhar e gosto de cozinhar quieto, acompanhado de uma taça de vinho. Gosto de experimentar e faço uma coisa que nem sempre é usual: gosto de cozinhar, às vezes, só para mim, isto é, não tenho necessidade de cozinhar sempre para outras pessoas. Sentar, ser capaz de fruir do alimento que eu mesmo fiz é um *hobby* especial.

Crê em Deus?
Uma possibilidade entre aspas, porque, no português, quando a gente coloca aspas num termo ou num vocábulo, é sinal de que ele precisa ganhar polissentidos, ser polissêmico. A ideia de Deus é polissêmica, pode ser deus, deusa, deuses, força, amor. De qualquer maneira, é uma energia vital que nos agrega, nos une num mistério estupendo que me honra dele fazer parte. Eu não tenho um nome exclusivo, não tenho um olhar exclusivo; tenho uma reverência pela sacralidade que a vida expressa e da qual eu faço parte.

Medo?
Não tenho nenhum tipo de medo que não possa enfrentar. Medo, todos temos e todas temos, mas não tenho nenhum que não possa enfrentar. Tenho algumas cautelas mais exageradas. Tenho muito medo de usar uma meia com um furo na ponta, na região do dedão, e eventualmente ser atropelado e ficar no

meio do asfalto, sem sapato e com o dedão "pornograficamente" colocado para fora da meia. Acho uma cena obscena e, por isso, uma das minhas cautelas no dia a dia é sempre observar se estou com a meia completamente vedada, para que não passe vexame.

Família?
Família é o núcleo original e é o núcleo terminal. Com ela, a gente nasce; é nela que vamos juntos. Não é exclusiva, não é um conceito só biológico. Ela sofre ampliações, mas é decisiva para que a gente possa ter uma vida de partilha. Eu sou filho de italiano com espanhol e, portanto, a ideia de família é mais que um lugar; a família é uma parte da gente, outro modo de o meu corpo ser.

Educação e escola?
A educação é um processo formativo de um ser humano, dado que não nascemos prontos. A escola é um dos lugares onde essa educação pode ser feita. A educação, de uma maneira geral, não é obrigatoriamente proposital ou deliberada; é o vivendo e aprendendo, ao passo que a escola é, sim, sistemática, organizada e estruturada. A escola é uma das maneiras de fazer educação, nem é a mais significativa no tempo, nem a mais extensa, nem aquela em que as pessoas ficam mais tempo, mas ela tem uma importância, porque, sendo deliberada, propositada, quando intencional, tem um nível de eficácia maior, que pode ser para o positivo ou para o negativo, tal como a educação, mas a escola faz parte da educação.

Filosofia?
Filosofia é uma maneira de inquietar-se e inquietar outras pessoas, isto é, sair do automatismo, recusar uma postura servil diante do mundo e da própria vida. Portanto, é a capacidade de

suspeitar, mas não a capacidade de suspeitar sempre; suspeitar para encontrar caminhos que sejam mais sólidos. Como disse e escreveu Descartes, é "a dúvida metódica", a possibilidade de duvidar para consolidar um passo mais robusto no próximo momento.

Política?
Política é decisivo. Aristóteles dizia que "a finalidade da política é a felicidade". Eu também tenho essa percepção. Claro que Aristóteles se referia à ideia de felicidade – que, em grego, é *eudaimonia* – como a vida feliz na comunidade, tanto que ele fala de felicidade em seu livro sobre política e não no livro sobre ética. Neste, ele menciona a felicidade, mas é no livro sobre política que fala sobre ela, porque a finalidade da política é a felicidade, isto é, a vida em comunidade que seja saudável para todos e todas.

Uma viagem marcante?
Uma viagem especial para mim foi a primeira vez que estive no Japão. Minha estada no Japão, especialmente em Nara, uma cidade ao lado de Kyoto, que foi a primeira capital imperial do Japão até o século IV, em que há um templo dourado na beira de um lago. Esse templo dourado, durante o dia, à medida que a luz do sol vai incidindo, fica refletido na água e vai mudando de cor. Eu me dei o direito, como um bom filósofo, de ir para lá de manhã e me sentar, às seis da manhã, antes de o sol nascer, e ficar até as seis da tarde, quando o sol se pôs, olhando as diferentes formas que aquela pintura do templo foi formando naquela imagem dentro do lago. É uma imagem para mim inesquecível.

Brasil?

O Brasil é um lugar onde a gente tem a possibilidade de ser múltiplo. É aquilo que, um dia, Darci Ribeiro, brincando, chamou de "Nova Roma", ao dizer que tínhamos toda a condição de acolher o diverso, não do modo como os romanos fizeram, só pela dominação, mas com uma parte do espírito romano, que foi, ao conviver com as outras culturas, de não abafá-las, ao contrário, incorporá-las e vivenciá-las. Então, acho que é a expressão de uma diversidade saudável, de uma convivência que pode nos levar a ensinar muita coisa com base em tudo o que já aprendemos nesses 514 anos.

Murilo Gun

Comediante, professor e palestrante. Em 1995, quando adolescente, foi um dos pioneiros da internet brasileira quando tinha 13 anos. Começou a fazer *stand up comedy* em 2006, sendo também um dos pioneiros do gênero no Brasil. Em 2014, foi selecionado entre 80 empreendedores do mundo para morar 10 semanas no Nasa Research Park, no Vale do Silício, estudando inovações disruptivas na Singularity. Ministra palestras e cursos sobre criatividade, inovação e empreendedorismo.

O que o move?

Atualizar a forma como as pessoas aprendem, pensam e executam, para encararem o futuro próximo. (Em inglês, é mais chique: "*Update the way people learn, think and execute to face the near future*".)

Você acredita que as escolas, hoje, "matam" a criatividade, presas a grades curriculares, como dizia Rubem Alves, que não ajudariam ninguém a ir além do óbvio?

Sem dúvida. O modelo de escola que ainda predomina (com algumas exceções) é baseado em gabarito. Todo mundo tem que chegar às mesmas respostas previamente definidas pelo professor. Ninguém é estimulado a criar novos caminhos; todos têm que chegar à mesma conclusão.

Esse modelo foi criado com a mentalidade da Revolução Industrial, cujo foco era otimização e escalabilidade. Ele foi importante durante muito tempo para garantir a educação básica para um grande número de pessoas. Mas, agora, com o mundo conectado e com todas as tecnologias que temos disponíveis, é possível criar um modelo que seja otimizado, escalável e ao mesmo tempo *personalizado*. Eu estou nesse jogo.

O que é sucesso para você? E o segredo do fracasso? Sei que tem uma palestra com esse título.

Sucesso é a proximidade entre onde você está e aonde quer chegar. Quanto maior ela for, maior o sucesso. É importante lembrar que é aonde *você* quer chegar, e não aonde *as outras pessoas* querem que você chegue.

Eu não sei qual é o segredo do sucesso, mas sei que o segredo do fracasso é perder muito tempo procurando o segredo do sucesso.

Quem foi ou é uma inspiração para você?

O Cérebro, do desenho Pinky e Cérebro. Ele me inspirou a pensar grande, a acreditar que é possível criar uma estratégia, fazer um plano de ação e executar. E, se der errado, tenta de novo de um jeito diferente.

Qual foi o momento mais difícil da sua jornada até agora?

Meu momento mais difícil foi aos 18 anos. Eu havia começado minha trajetória profissional cedo demais (aos 13 anos), além disso larguei o colégio no primeiro ano do ensino médio para montar uma *start-up*. Mas quando fiz 18 anos, em 2001, a bolha da internet estourou e a minha *start-up* quebrou. Eu estava fora do colégio e sem empresa. Por ter saído do colégio, eu havia abdicado de ir para uma boa universidade e só me restava fazer supletivo e entrar em qualquer faculdade "sem-vergonha". Vivi uma depressão profissional. Passava o dia assistindo a *Seinfeld* e *Friends* em fitas VHS, e acompanhando as notícias do 11 de setembro.

Como superou esse momento difícil?

Eu mudei a minha crença de que só me restava entrar em qualquer faculdade. Fiz supletivo e comecei a estudar em casa e a fazer cursinhos para recuperar os dois últimos anos do colégio. Acabei passando em 10º lugar na faculdade de Administração mais concorrida de Pernambuco.

Você atua em mercados diversos: stand up, palestras, cursos voltados à educação. Como vê o futuro desses mercados?

Quando temos que preencher algum formulário com o campo "profissão", normalmente o espaço para escrever ali é bem pequeno. Só dá para colocar uma palavra. Quando o formulário é eletrônico, o campo é daqueles com opções pré-definidas, das quais só podemos escolher uma. Isso é fruto de uma mentalidade de que nós temos que escolher um único caminho, mas está cada vez mais claro que as pessoas vão fazer mais de uma coisa.

Eu sou comediante, roteirista, ator, empresário, palestrante, professor, consultor, digitador etc.

Você passou três meses no programa da Nasa Singularity University no Research Park, no Vale do Silício. Qual foi o impacto dessa experiência para você?

A Singularity ativou o meu modo "Pinky e Cérebro" que estava adormecido. Voltei de lá com a "pilha" de fazer algo escalável e impactante. E isso me levou a criar o curso *on-line* de criatividade que pretendo lançar em vários idiomas.

Também mudei minha concepção sobre equipes. Até então eu trabalhava muito sozinho, apenas com uma empresária, e não me imaginava trabalhando com muitas pessoas, porque pensava que isso daria muito trabalho e não traria os resultados que eu queria. Na Singularity, participei de um grande time, com três pessoas incríveis, e concluí que, quando temos um grupo unido, é muito bom trabalhar em equipe.

Vi você comentar sobre ter aprendido no Singularity que o profissional diferenciado tem que possuir o conhecimento em formato T. Fale um pouco sobre isso.

A analogia do conhecimento com a letra T é que tão importante quanto o seu conhecimento profundo sobre alguns assuntos (a parte vertical do T) é o seu conhecimento superficial sobre vários assuntos (a parte horizontal do T).

A gente acaba aprendendo a focar todas as energias no conhecimento vertical: graduação, mestrado, doutorado, pós-doutorado, "mestre Jedi" etc. É claro que o conhecimento vertical é importante, mas tão necessário quanto ele é o conhecimento sobre várias coisas, pois os conhecimentos superficiais se conectam com os profundos e geram resultados criativos.

Em resumo: temos que ser mais curiosos (assim como éramos quando criança).

Você é criador e professor do curso "Criatividade para solução de problemas". Muitas pessoas dizem não ser criativas. Podemos aprender a ser mais criativos?

Nós nascemos criativos (criança é supercriativa, certo?), mas desaprendemos a sê-lo. Nós nascemos fora da caixa e fomos colocados na caixa. Mas é possível sair da caixa, ou seja, reaprender a ser criativo. Basta eliminar os bloqueios que foram criados na nossa forma de pensar e, com isso, despertar nossa capacidade de pensar diferente.

Você se tornou pai recentemente. Qual o tamanho do impacto dessa nova realidade na sua vida, trabalho, família, no geral?

Passei a ser uma pessoa mais preocupada com minha saúde e com a forma como gasto meu tempo. O nascimento da minha filha foi um grande motivador para que eu decidisse fazer meu curso *on-line*.

Você é um cara que tem uma capacidade de captar e/ou antecipar tendências – internet quando garoto, depois chegada do stand up no Brasil. Qual é sua dica para isso?

Já que vivemos num país atrasado em muitos aspectos, nós podemos: 1) reclamar dos atrasos; ou 2) aproveitar as oportunidades que esse atraso nos proporciona.

Eu optei pelo segundo caminho, e a grande oportunidade é: nós temos uma bola de cristal que prevê o futuro chamada *países desenvolvidos*. Podemos olhar para eles e ver as tendências ocorrendo, antes que elas aconteçam aqui.

Uma pergunta muito séria agora: ainda guarda aquela roupa com que você foi no programa do Jô Soares pela primeira vez, quando tinha 14 anos?

Eu guardo, sim, o colete que usei no Jô em 1997. Na época, minha mãe me colocava de colete sempre que eu participava de algum evento importante ou programa de TV. Tenho uns cinco coletes guardados.

Rápidas

Livro ou livros favoritos?
Abundância: O futuro é melhor do que você imagina, de Peter H. Diamandis e Steven Kotler; *Vlef*, de Tiago Mattos; *A startup*

enxuta, de Eric Ries; *Marketing e comunicação da era pós-digital*, de Walter Longo; *De onde vêm as boas ideias*, de Steven Johnson; *Steve Jobs*, de Walter Isaacson; *Um mundo, uma escola: A educação reinventada*, de Salman Khan; *A única coisa: O foco pode trazer resultados extraordinários para sua vida*, de Gary Keller e Jay Papasan; *O mensageiro milionário*, de Brendon Burchard; *As armas da persuasão: Como influenciar e não se deixar influenciar*, de Robert B. Cialdini; *Os quatro compromissos: O livro da filosofia tolteca*, de Don Miguel Ruiz.

Filme?
O pequeno príncipe, de Mark Osborne.

Uma frase?
"Eu não sei qual é o segredo do sucesso, mas sei que o segredo do fracasso é perder muito tempo procurando o segredo do sucesso." (Murilo Gun)

Hobby?
Se *hobby* significa algo que a pessoa faz por puro prazer, sem obrigação, então o meu é resolver problemas de forma criativa.

Stand up?
Stand up paddle? Aquele negócio da prancha? Nunca tentei.

Uma viagem marcante?
Turquia. Mistura louca de culturas.

Brasil?
Mostre a sua cara!

Crê em Deus?
Sim! Acredito que Deus criou o *big-bang* e entregou o bastão para Darwin.

Família?
Considere a mesma resposta do Cortella.

Educação?
Responsabilidade dos pais. Não se terceiriza responsabilidade.

Medo?
Stand up paddle.

Ozires Silva

Engenheiro formado pelo Instituto Tecnológico de Aeronáutica, grande responsável pela fundação da Embraer, da qual foi presidente. Ocupou a presidência de empresas como Petrobras e Varig e foi ministro da Infraestrutura. Atualmente, é reitor da Unimonte e presidente do Conselho de Administração da Anima Educação.

No livro Cartas a um jovem empreendedor, *o senhor diz que considera os estímulos que recebemos do ambiente fundamentais para forjar nossa vocação. Em um ambiente por vezes hostil e até opressor, pode-se também causar a potência de não aceitar tais condições e, assim, buscar um caminho melhor?*

As duas coisas coexistem. Quando insisto que o ambiente é extremamente importante, isso significa que alguém no passado o criou. Peguemos o exemplo de Steve Jobs. Por que ele foi ao Vale do Silício, na Califórnia? Porque, fora de lá, não conseguiria criar a Apple. Então, ele aproveitou a vocação e a uniu ao ambiente. No caso de São José dos Campos, quem criou essa vocação foi a FAB, quando fundou o ITA. Eu não teria conseguido fazer a Embraer fora de São José dos Campos. Muita gente da minha terra natal, Bauru, me perguntou por que não tentei criar a Embraer ali. Eu poderia até ter tentado, pois Bauru era um grande centro aviatório e que me influenciou a caminhar em minha carreira, mas, no fundo, precisava levar em consideração uma expressão que tenho usado muito: "Um sábio só nasce em uma sociedade sábia". Peguemos o exemplo do Einstein. Se ele tivesse nascido na África, não teria sido o físico que conhecemos, portanto, a preparação da sociedade é um trabalho em que todos devemos nos engajar. Claro que, muitas vezes, pode-se mudar de vocação. Eu comecei a construir avião em São José dos Campos, quando a vocação da cidade era plantar arroz e ordenhar vacas, mas isso foi mudado, por força da educação. A educação tem uma força espetacular para transformar. Se não fosse o ITA ter se instalado em São José dos Campos, hoje, não teríamos aviões voando em mais de 90 países. Mostrando o poder que a educação tem, agora, isso nos leva talvez a uma conclusão, de que a sociedade deve se dedicar a ser sábia. Uma sociedade que pense, reaja e que seja formadora de opinião e criadora de um ambiente onde as coisas possam acontecer.

Fiz um curso na Califórnia e uma das minhas intenções lá não foi simplesmente aprender o que o professor passava no quadro negro. Eu me esforcei muito para conviver com os californianos e ver como eles pensam, como reagem perante um problema. Creio que isso me ajudou extraordinariamente. Digo que o curso que fiz, de gás dinâmica, não me serviu de nada na Embraer, mas ter estado na Califórnia foi fundamental. Recentemente, fui convidado a presidir um instituto em São Paulo no qual estão preparando alguns pesquisadores para ir aos Estados Unidos. Tive uma reunião com os pesquisadores e, depois de três horas ouvindo as propostas deles, minha pergunta foi: "O que vocês vão fazer lá?". Nenhum deles me disse que iria lá para ver o modo de vida dos americanos, que os levou e leva ao sucesso. E disse a eles: "Nenhum de vocês colocou que iria lá para entender a sociedade americana, como ela funciona, como um país grande como o nosso, com a mesma idade que o nosso – e o Brasil possivelmente mais rico em recursos naturais –, anda tão à frente? Nenhum de vocês colocou que iria ver além do quadro negro e das apostilas. Nenhum de vocês colocou que iria ver a atitude do povo americano diante de um problema, como o resolvem, quais as variáveis que selecionam, como conseguiram esse sucesso a que a gente aspira, mas não alcança. Então, desejo que vocês, além do que vão aprender lá com o curso, tragam um aprendizado de vida que possam praticar aqui e ensinar, que muitas outras pessoas possam consolidar esse aprendizado e contribuir de forma sólida para a sociedade brasileira, porque a nossa forma de ser, nossa cultura, está mais do que comprovado, passados 500 anos da colonização portuguesa, que não funciona". Um último exemplo é que Santos Dumont foi para Paris para produzir seu primeiro voo e não aqui. Eu insisto que a educação generalizada e abrangente é muito importante.

O que sempre o moveu?

Eu diria que sou um sujeito normal. Recentemente, um amigo fez uma biografia minha e viu minhas notas no ginásio, nada boas. [*Risos.*] Isso mostra que sou um cara absolutamente normal. O que me moveu sempre foi uma inquietação. Olhar para as coisas e pensar se tinham que ser assim. Eu me lembro de meu pai me colocar num curso de datilografia para escrever as cartas dele, pois ele mal sabia escrever e precisava que eu o ajudasse. Eu estava já no primeiro ano de ginásio e me revoltei, pois, toda vez que eu cometia um erro datilografando, tinha que ser apagado com a borracha. Um dia, os professores ficaram surpresos quando indaguei se existia um modo melhor de apagar. Eu perguntei se não tinha um processo melhor para correção. Então, o que sempre me moveu foi a inquietação de perguntar se não existe uma maneira melhor de fazer algo.

O que é sucesso para o senhor?

É algo que dá satisfação enorme e precisamos buscar sempre. Uma cultura que eu coloquei na Embraer, desde o começo, foi a de ser bem-sucedido. Digo que o sucesso precisa ser buscado sempre e precisamos fazer com que a comunidade busque o sucesso. Recentemente, encontrei um jovem engenheiro que entrou há pouco na Embraer e perguntei a ele qual sua impressão da empresa. A resposta foi histórica, um prêmio de vida. Ele disse: "Fantástica. Estou em uma companhia vocacionada para o sucesso, que busca o sucesso o tempo inteiro e que o distribui entre todos os participantes. Da mesma maneira, se houver uma falha, todos buscam corrigi-la, sem se apegar em apontar o culpado". Fiquei impressionado, pois foi algo que plantei lá desde a fundação.

Quem foi uma grande inspiração?

Foram muitos, mas um deles conheci em Bauru. Um alemão fugido da Segunda Guerra, que estava tentando fazer planadores. Eu queria ser piloto e ele me proporcionou uma viagem de conhecimento, mostrou as maravilhosas invenções e soluções técnicas que existiam dentro do avião. Isso lá em 1945. Ele fez uma viagem de descobrimento para mim e para os garotos que iam lá, mostrando que, por trás de cada realização técnica, existiam pessoas. Então, ele demonstrou para nós, por A mais B, que avião era algo que se fabricava, não era algo que só se pilotava, e isso mudou minha vida. O nome dele era Hendrich Kurt. Mais ou menos nessa mesma época, tive um professor de matemática que falava sobre o poder transformador da educação. Ele conversava conosco, levava a sério, de verdade, os alunos, coisa que poucos professores fazem. Quando eu lhe disse que não queria ser ferroviário, ele me falou que a solução seria estudar, porque a educação poderia me transformar naquilo que eu quisesse. Uma lição de que não podemos ser apenas um "passante", que passa na multidão e olha as pessoas apenas como multidão, mas, sim, alguém que enxergue as pessoas como pessoas, pois elas podem nos dar muita inspiração e uma contribuição diferenciada, alguém que pode mudar nossa vida. Outra pessoa que mudou minha vida foi o brigadeiro Montenegro, que criou o ITA. Ele dizia: "O ITA só vai produzir aviões quando produzir engenheiros". São pessoas desse tipo que mudam nossa vida.

O Zico, grande amigo do senhor na infância, foi quem também o influenciou fortemente na aviação?

Sem dúvida, o Zico muito me influenciou para que olhasse a aviação com interesse. Ele frequentava o aeroclube e me levou até lá. Conheci pessoas as mais variadas, que tiveram grande importância para o que me aconteceu anos depois. Uma delas foi Hendrich Kurt, de quem já falei. Ele nos mostrava as maravilhosas invenções e soluções técnicas aplicadas a um avião, e que tornam o voo possível. Ele nos abriu os olhos. Descobrimos que, além da pilotagem, os aviões abriam perspectivas de fabricação. Sempre enfatizou o talento das pessoas para produzir coisas novas e, num tempo em que mal se falava em inovações competitivas, ele criou para cada um novos horizontes, que nos levaram a buscar na aviação algo de maior valor, a necessidade de nos aprimorar no sentido de conseguir a melhor formação educacional possível.

O senhor foi ministro da Infraestrutura. O que viveu de negativo e positivo nessa experiência?

Sem dúvida, tive momentos positivos e negativos. Aprendi que o governo tem o poder de realizar muito mais coisas do que nos parece possível, embora normalmente não o faça. Sei lá as razões! Mas também descobri que a máquina governamental ficou sobremaneira emperrada por restrições legais e regulamentares sem sentido, e ninguém faz algo para melhorar isso. O governo se caracteriza mais por restrições às ações do que pelas realizações. Isso foi o que mais me frustrou. No lado positivo, entre muitos, destaco o lançamento do telefone celular, pelo setor privado, num tempo em que prevalecia o dispositivo constitucional do monopólio da União. Saímos de uma situação de apenas 2 milhões de telefones disponíveis em 1990 para mais de 250 milhões hoje!

Rápidas

Filme?
Gostava da série *Flash Gordon*.

Deus?
Criação do homem. Mas não acredito que fomos fruto do acaso, algo nos trouxe aqui.

Medo?
Não tenho, mas a sociedade é um receio.

Educação?
Fundamental para a transformação de um país.

Uma viagem marcante?
Com o ITA, para a Europa, em 1961.

Política?
Este país não merece o que estão fazendo com ele. Estamos indo para não sei onde. Estou preocupado com os jovens.

Rubem Alves

Psicanalista, educador visionário e de extrema profundidade, teólogo e escritor, autor de livros religiosos, educacionais, existenciais e infantis. Acima de tudo, um apaixonado pela vida. Uma de minhas grandes referências, pela maneira bela como buscava ver a vida.

O senhor é psicanalista, educador, teólogo e escritor. Ouvi o senhor dizer que foi tudo acidente e até escreveu: "Virei escritor num estouro de pipoca. Independentemente de vontade, planos e preparo. Pura graça". Foi isso mesmo?

Essa afirmação de que foi tudo acidente aconteceu quando eu estava na Unicamp. Recebi um telefonema de um aluno que queria conversar comigo. Então, ele apareceu lá com aquele caderninho para tomar nota, e o que ele queria era a receita de como consegui chegar aonde tinha chegado. Logo, percebi que ele gostava de mim, então, disse a ele: "Eu cheguei aonde cheguei porque tudo o que eu planejei deu errado. As coisas acontecem repentinamente e você tem que aproveitar".

Qual o papel do professor?

O professor não é aquele que sabe as respostas, é aquele que sabe provocar os alunos para fazerem as perguntas. Eu gosto muito de usar metáforas, imagens. A função do professor é despertar a inteligência, não é dar a informação. Eu faço uma brincadeira que, para entender a inteligência, é só verificar o pênis, porque ela é como ele, um órgão flácido, sem ideias próprias, mas, quando provocado, é capaz de voar. Assim é a inteligência, se for provocada, ela é capaz de fazer coisas gostosas.

O senhor acredita que a escola atual cala as crianças e atrofia suas ideias?

Não sei se posso fazer essa afirmação geral sobre a escola atual, mas, para mim, a escola não estimula. O que estimula é conversar, conversar com as crianças... essa é a arte, a arte de conversar.

O que sempre o moveu?

A curiosidade, que é como um bicho-de-pé. Todo mundo fala que o mico-leão-dourado está desaparecendo, mas ninguém fala que o bicho-de-pé está desaparecendo. O bicho-de-pé é chamado cientificamente de *Tunga penetrans*. Aquele bichinho entra no dedão do pé e começa a proliferar e fica uma bolotinha. Então, você vai lá cuidadosamente, com uma agulha, e tira, e sai aquela batata como a gente chama, mas é uma delícia, dá uma coceira boa, me faz lembrar de uma história roceira. Morei na roça e, naquele tempo, as moças casavam virgens. A moça estava muito aflita, pois estava chegando a noite de núpcias e ela achando que ia doer, então, foi conversar com a mãe. A mãe disse a ela: "Minha filha, é igualzinho bicho-de-pé, dói um pouco para tirar, mas, depois, a gente não quer parar de coçar".

Como o senhor vê a busca por fama a todo custo, muitas vezes, como única opção dos jovens?

Acho que as pessoas estão perdidas. Precisam perguntar o que a gente busca na vida, mas, afinal de contas, o que a gente busca na vida? Você sabe, eu não busco. Picasso disse: "Eu não procuro, eu encontro". O que precisa é prestar atenção.

O que é sucesso para o senhor?

Há várias maneiras de definir sucesso. Acredito que é estar feliz com você mesmo. E aí está o problema, o que é estar feliz com você mesmo?

Quem foi ou é uma grande inspiração para o senhor?

O que me estimulou muito foram biografias. Agora mesmo, estava mexendo com o livrinho que escrevi sobre Gandhi, *A magia dos gestos poéticos*. Como admiro aquele homem! Quando eu era menino, lia tanto, e as biografias me estimulavam, eu ficava encantado. E provocavam meu pensamento. Sabe, uma inspiração, fiquei muito mexido com a história do Jeca Tatu. Antigamente, as farmácias eram veículos de cultura, porque distribuíam uns almanaques de informações, de tudo o que você possa imaginar. Um dos almanaques, que ficou famoso, foi da história do Jeca Tatu.

Qual foi o momento mais difícil em sua carreira?

Fui para os Estados Unidos em 1963 e, nesse tempo, aconteceu a ditadura. Voltei para o Brasil no meio daquele terror e, pela primeira vez, soube o que era medo. Eu não sabia o que era medo. Tive que voltar para o Brasil com medo. Acho que foi o período mais difícil da minha vida. Tinha dois filhos pequenos, era perseguido pela religião. Consegui uma bolsa para voltar aos Estados Unidos com minha família. Lembro como se fosse hoje o dia em que peguei o avião para voltar para lá. Estava em Viracopos, aguardando o momento de pegar o avião. Lá, fizeram, no meio do aeroporto, um biombo redondo. Você não via quem estava lá dentro, só tinha um buraquinho na madeira. A gente colocava o passaporte e eles diziam se você podia sair ou não. E eu com a família, esperando. Aí, os alto-falantes anunciaram que a gente poderia embarcar. Eu me lembro de caminhar pausadamente, para não dar a ideia de que, de qualquer maneira, eu estava fugindo. Entramos no avião, sentamos. As hélices do avião funcionaram e ele taxiou. Quando chegou ao final da pista, decolou. Na hora em que ele decolou, eu falei: "Meu Deus! Estou livre, estou livre!". Aí, chamei a aeromoça e pedi: "Um uísque, por favor!". De modo que, desde esse tempo, o uísque passou a ser um sacramento. Foi um período muito feliz nos Estados Unidos, mas sofri bastante de medo. A Igreja católica foi muito mais protetora que a protestante naquele tempo, ela protegia seus "subversivos".

Como superou esse momento?

Fiz doutoramento. Voltei para o Brasil com doutorado, mas sem emprego. Do que me adiantava o doutoramento sem emprego? Era uma luta, todo domingo, no *Estadão*, vendo as possibilidades de emprego. Lembro de um anúncio solicitando intelectuais. Fui para São Paulo, para a entrevista, e acabei descobrindo que era emprego para vender enciclopédia. Sou agradecido ao Paulo Singer. Ele era professor da USP e eu o conheci em Princeton. Um dia, ele me ligou e perguntou se eu aceitava ser professor na faculdade de Rio Claro. Respondi que aceitava ser professor até no Acre, pois precisava ganhar um dinheirinho.

Qual dica daria aos que alimentam um sonho?

Tem que gostar, se você não gostar não tem jeito.

O senhor escreveu: "Estou semeando as sementes da minha mais alta esperança. Não busco discípulos para comunicar-lhes saberes. Busco discípulos para neles plantar minhas esperanças". Esse pensamento está em falta hoje? Faltam pessoas para semear esperanças? Alguns dos maiores nomes da esperança se foram e parece que não estamos renovando esse ativo.

Está difícil ter esperança. Olho para o cenário político e não tenho mais esperança de nada, estou desanimado.

O senhor diz que detesta a expressão "grade curricular". Fale um pouco sobre isso.

Grade curricular: os conhecimentos vêm engradados, mas eles não são engradados; são passarinhos soltos. Grade curricular, o que se faz com isso? O que se faz com algumas equações de 2º grau? Nunca as usei para nada. Não existe capítulo nas grades curriculares para tratar do lixo, isso não se encaixa nelas. Acho importante mais literatura. Lembro de um professor que tive por seis meses no Rio de Janeiro. Nós detestávamos literatura, porque sabíamos que os professores mandavam comprar livros, aprender sujeito e objeto direto, e isto e aquilo, ter presença, uma chatice. Aí, chegou esse professor novo e a gente pensou: "Outro xarope". Mas ele disse: "Temos que resolver dois problemas preliminares; o primeiro é esse livro cheio de quadradinhos, porque, se não tiver 70% de presença... então, já vou dar 100% para todos vocês. Se não quiserem vir à aula, podem ficar fazendo o que quiserem. Não precisam vir à aula. Outra questão são as notas. Vocês costumam ter que escrever redações e provas e eu não vou fazer nada disso. Vou já dar nota positiva para todo mundo. Já resolvidos esses problemas preliminares, então, agora vamos falar de literatura". Ele, então, começou a falar de literatura, e não falou de objeto direto, indireto, nada. Todo mundo ficou paralisado, com aquele cara falando sobre literatura. Aí, eu comecei a amar a literatura. Ninguém faltava na aula dele, mas aconteceu uma coisa: ele não foi contratado para o semestre seguinte, pois não se enquadrava na grade curricular. Isto deveria ser algo para ser feito na educação, entrar pela literatura. A gente aprende ouvindo.

Rápidas

Livro favorito?
Zorba. Mexeu muito com a minha alma. E *A menina que roubava livros*.

Filme?
Morte em Veneza.

Música?
"Valsinha", de Chico Buarque. "Concerto para piano e orquestra" de Ravel e tudo de Bach.

Deus?
Deus está na beleza.

Família?
Tenho uma família razoavelmente feliz.

Uma viagem marcante?
Até o final do Chile, muito lindo. Japão. Finlândia, a aurora boreal.

Brasil?
Tanta coisa bonita e tanta coisa sórdida, tudo precisa ser visto.

Silvia Brandalise

Reconhecida mundialmente pelo combate ao câncer infantil. Fundadora e presidente no Centro Infantil Boldrini. Graduada em medicina pela Escola Paulista de Medicina (EPM-Unifesp) em 1967. Fez residência em pediatria na mesma instituição, de 1967 a 1969. Doutorada em pediatria pela Faculdade de Ciências Médicas da Universidade Estadual de Campinas em 1975. A doutora Silvia Brandalise tem extenso currículo de realizações e engajamento na saúde.

Começamos a conversa relembrando algo que foi dito no programa De frente com Gabi, *quando a doutora falou que rico é rico porque não divide.*

Esse contingente, que talvez corresponda a três ou cinco por cento da população, o envolvimento dessas pessoas com assuntos públicos, quaisquer que sejam – questão da mulher, da terceira idade, da criança –, é bem próximo de zero. Tenho que reconhecer que algumas instituições em cujas portas batemos fazem doações. Tornam-se um zero a menos do zero, zero. Uma das pessoas que sempre me chamou a atenção foi Lázaro Brandão. Em três ocasiões, fui até ele, que sempre me atendeu. Nunca esteve fisicamente no Boldrini, mas sempre compartilha algo conosco. Infelizmente, essas situações são raras. A maioria são pessoas de classe média baixa, pessoas que têm doenças com maior frequência e sabem o que é encontrar um hospital sucateado. O rico vai para os hospitais de ponta e pensa que aquilo é a realidade do Brasil, que aquilo é o padrão. Então, é a classe mais pobre, que depende do sistema público, que depende dos hospitais filantrópicos, a classe menos favorecida, essa é a que mais ajuda, e a parcela das doações dessas pessoas é fundamental para que o Boldrini continue sua tarefa. A política pública de saúde no Brasil está muito aquém do necessário. Tratar câncer não é só dar químico na veia, há uma série de procedimentos e ações que são necessários. Somente o direcionamento de uma parcela maior do PIB para a área da saúde pode melhorar esse cenário. O Brasil está muito atrás de países como nossos vizinhos Chile, Uruguai e Argentina, apesar de ter o melhor cenário econômico da América do Sul.

O que move a senhora?

Eu não tenho sonho; tenho receptores ativos e frequentes para demandas. É necessário ter demanda, que cai em um receptor específico para haver um processo de desenvolvimento, ou seja, foi a demanda para cuidar da criança com câncer que me indicou um caminho, não foi nada sonhado nem nada planejado. Sempre trabalho em cima dessas demandas. Demandas que vêm do paciente com câncer ou do paciente hemofílico ou falciforme. O fato é que minha razão e meu coração estão focados em criança, adolescente e adulto jovem. Neles estão minhas preocupações. Eu nunca esqueço que, no departamento onde era chefe da enfermaria de pediatria e docente, houve um momento em que a taxa média de mortalidade das crianças internadas ali era maior que nos hospitais da cidade de Campinas. Essa constatação estatística nos forçou a uma análise do número de pias para lavagem de mãos, ao controle do que entrava no quarto do paciente e do número de pessoas na unidade. Assim, pudemos constatar que o excesso de alunos, a falta de pias e de assepsia eram os grandes responsáveis por aquele índice. Quando você constata isso, tem a obrigação de dar o passo seguinte: falar com o diretor, com o chefe de departamento. Mas a resolução foi zero. Com o diretor da faculdade, resolução também zero. A gente tende a ir levando. Dizem que no Brasil é assim mesmo.... Então, levei o problema ao reitor da universidade, Zeferino Vaz, e disse: "Não dá!

Nós temos uma mortalidade elevada". E eu tinha todos os dados dos outros hospitais. Isso é uma coisa que choca. Os fatores de risco são esses, esses e esses. Aí, o Zeferino mandou eu destituir o chefe. Foi um escândalo, aquela confusão. Mas são sempre essas constatações que vão me apontando o caminho. Aquela coisa de fazer o caminho ao caminhar. É minha trajetória, não tenho nada planejado. Então, a cada atalho, o problema que existe ali e como a gente pode pegar aquela intercorrência e colocá-la em um eixo central e qual é esse eixo são um benefício público, um benefício para todas as pessoas. A visão do coletivo sempre foi muito forte, maior que a visão pessoal, visão da família etc. Lembro que meus filhos eram os primeiros a entrar na escola, pois meu marido, que é cirurgião, ia levá-los logo cedo, e eram também os últimos a sair, pois eu que ia buscá-los. Lembro que uma vez encontrei um de meus filhos chorando. Pedi desculpas, porque não pude sair antes do ambulatório, e ele me disse: "Mãe, não tem problema. Eu estou chorando porque o sol na cabeça está muito forte, mas eu sei que, se a senhora atrasou, é porque estava ajudando as crianças". Então, a visão do coletivo foi sempre muito forte, e minha família pode ver que o coletivo é mais importante que o bem-estar individual. Não tínhamos aqui casa de apoio. Eu levava as pessoas para minha casa, indivíduos pós-quimioterapia, com todas as reações, convivendo com meus filhos. Isso foi importante para eles verem o que significa a doença, seus efeitos colaterais, e quando um de meus filhos, o segundo, teve na escola um colega com câncer, ele se comportou como grande defensor desse menino, enquanto os outros zombavam por ele estar careca. Meu filho ia lá e falava dos problemas de uma pessoa com a doença. Esse foi um marco interessante, porque o dizer das pessoas com câncer nessa faixa etária de criança e adolescente é a solidão. Solidão por serem diferentes, não terem cabelos nem sobrancelhas, seus lábios estarem com feridinhas. Ouvi vários depoimentos assim até o começo da maturidade, aos 22, 25 anos, em que esse sentimento é o que marca as pessoas. Nós, saudáveis, que estamos em volta, devemos nos perguntar o que podemos fazer. No mínimo, devemos conversar com o outro e acolhê-lo.

Quem foi ou é uma grande inspiração?

Há pessoas por quem tenho respeito e admiração. O Mandela é uma delas. Sempre me chamaram a atenção pessoas que trabalham em prol do bem-estar do outro, são elas que me inspiram. Não tive outro propósito que não a medicina e, na infância, naquela época, o grande impacto foi Albert Schweitzer, mas não impacto de ficar babaca. Na hora em que tomei conhecimento de seu pensamento, fiz uma cartinha, dizendo que havia gostado da apresentação dele. Recebi resposta de uma enfermeira, contando que ele ficou surpreso, na idade dele, 85 anos, de receber a carta de uma jovem de 16 anos, que dizia como ele era legal. Então, acho que sempre expressei verbalmente e em carta o que gosto nas pessoas. O Schweitzer foi uma delas. Quando ele ganhou o prêmio Nobel, saíram livros etc. e vi que ele foi um indivíduo que sempre colocou o coletivo acima do individual, mas, para uma garota de 16 anos se sensibilizar com isso, é porque já tem o receptor específico para a área. Na hora em que ele escreve que as pessoas que o encontravam atravessavam a rua, com receio que ele pedisse dinheiro... é algo bem difícil. Vejo isso quando vou a algum lugar, associam a minha presença a ter que doar ao hospital.

Como a senhora vê a busca por fama a todo custo, muitas vezes, como única opção dos jovens?

Acho que, antes da fama, o jovem e o adulto jovem buscam prazer, seja na droga, seja alucinado, dançando quatro, cinco dias seguidos. O prazer e o culto do corpo de forma bizarra entraram muito forte pela mídia, de forma crítica, então, em cima do prazer, do culto do corpo, vem o consumismo desenfreado. "Preciso ter todos os sapatos da moda, as roupas, o carro." A propaganda acrítica e irrestrita desses itens torna as pessoas da faixa dos 15 até os 45 anos reféns do prazer a qualquer custo, do corpo sarado, de ter tudo o que se vê nas propagandas. O pior disso tudo é que o indivíduo está sempre insatisfeito, porque o prazer não tem limite. O corpo sarado acaba não tendo limite, nem o consumo das coisas. Daí, sempre se quer mais dinheiro, mais *status* e isso torna as pessoas infelizes. Assim, se vê por que as vendas de ansiolíticos, calmantes estão cada vez mais altas. Acredito que, se as pessoas saíssem de si mesmas para ver o que acontece ao lado delas, talvez encontrassem um significado para suas vidas melhor do que o de hoje, porque, na hora em que elas ajudam, esquecem de si mesmas, ficam mais felizes. Não carregam medo, não carregam ansiedade, porque estão auxiliando outros a viver.

O que é sucesso para a senhora?

Sucesso é participar de uma transformação social. Há 30 anos, eu estava fazendo uma prescrição médica para o pai de uma criança e lhe perguntei se estava dando a injeção corretamente, todos os dias, e ele respondeu que não. Toda criança que faz muita transfusão precisa retirar o excesso de ferro do organismo. É um agente quelante que tira o ferro. Essa criança tinha talassemia, que é uma anemia do mediterrâneo e no Brasil atinge sobretudo os descendentes de italianos. Era uma criança que precisaria de transfusão a vida toda, então, falando com o pai, perguntei: "Por que o senhor não deu a injeção?". Ele respondeu: "Doutora, eu não consegui vender os móveis da minha casa". "Como assim?", perguntei. E ele questionou: "Doutora, a senhora sabe o custo dessa medicação?". Respondi que não. O salário dele era incompatível com o custo do remédio. Eu disse que buscaria um caminho. Fiz todo o racional. Entrei com um pedido pela Sociedade de Pediatria de São

Paulo, obrigando o governo federal a prover esse quelante a todos, mais as agulhas e as seringas. Então, quando o pedido entra por São Paulo, o Ésio Cordeiro, do antigo Inamps, vê aquilo e dimensiona para São Paulo, e diz que vai autorizar, para que Campinas receba. Eu disse a ele que meu interesse não era só Campinas, mas todo o Brasil. Sei que o Rio Grande do Sul e Curitiba têm grande quantidade de descendentes de italianos, então, não quero só para Campinas. Ele me respondeu: "A senhora vai ter que ir à Sociedade Brasileira de Pediatria e, se vier o pedido pela Brasileira, a gente resolve". Fui até a Brasileira e, enquanto o Ésio Cordeiro não assinou a portaria para dar a medicação a todos, não larguei do pé dele. Sei que a solução está na cabeça de cada um de nós, só é necessário sair da zona de conforto. Fui para São Paulo, Brasília, marquei audiências etc. Para hemofilia, para liberação da prevenção, o Serra me perguntou: "Doutora, mas o SUS não dá?". Eu disse que dava, mas era insuficiente. Ele chamou o secretário, conversou e o governador pediu para fazer um levantamento sobre o que ocorria no estado com os hemofílicos. De imediato, deliberou que todo paciente com diagnóstico de hemofilia teria liberado o fator para impedir o sangramento nas articulações e melhorar sua qualidade de vida. Então, o que é pequena conquista, nem chamo de sucesso. As pequenas conquistas do dia a dia, elas são traduzidas pelas coisas que conseguimos melhorar, porque a felicidade, que pode ser sucesso, é uma palavra alienante. Não dá para carregarmos a felicidade o tempo todo, com tantos problemas diários, mas temos momentos de felicidade por contribuir para uma melhoria.

Qual dica a senhora daria aos que estudam medicina?

Primeiro, o estudo sistemático das doenças prevalentes em nossos país. A busca sistemática de soluções para políticas públicas, para atender melhor os pacientes. Essa busca sistematizada tem que ter uma ponte de informação, que é a medicina baseada em bem.

Jamais um médico pode ser refém da indústria farmacêutica. Jamais ele pode receber um cheque, porque prescreveu um remédio. Jamais ele pode ceder a essa sedução de prescrever coisas que não existem nem no papel. Para ele saber isso, precisa estudar, e a medicina baseada em evidências, que trabalha com revisões sistemáticas, consensos internacionais, tem que ser o norte. Isso, ele é obrigado a aprender no primeiro ou no segundo ano.

A segunda coisa para o aluno de medicina é colocar na mente a questão da ética médica, do respeito ao paciente e, depois, colocar no coração obediência todo dia a esse código de ética médica, na obtenção de termo de consentimento para cada procedimento de risco, na definição de uma anestesia, de uma cirurgia, na hora em que vai fazer uma tomografia com contraste, pois existe o risco da radiação que o indivíduo recebe. Tenho que falar para o paciente sobre o risco da radiação, que equivale a 400 chapas de tórax e tem os efeitos colaterais de coceira, edema de glote, e perguntar se ele autoriza o exame.

O indivíduo devidamente informado é mais consciente dos riscos e benefícios. Além disso, os profissionais de saúde, médicos e enfermeiros, na hora de explicar, precisam colocar no papel e mostrar o que vai acontecer. Há dois dias, estava conversando com um cirurgião e ele disse que via a necessidade de uma *check-list* para entrar no centro cirúrgico. Falou que, no Canadá, o enfermeiro é obrigado a verificar toda a lista. Eu disse a ele que, vendo esse exemplo, devia trazer para seu país. Ele respondeu que, em alguns hospitais, não dá para fazer isso. Respondi que, então, não se pode operar. No dia seguinte, um cirurgião disse que já estava providenci*ando*, mas o *ando* na saúde não existe, porque o *ando* não serve para a saúde. A saúde precisa dizer o que é ótimo e seguro para o paciente, e não podemos esquecer que colocar uma pessoa numa mesa cirúrgica é como decolar um avião. Decolou, já foi. Precisamos de todos os quesitos de segurança, para que, na hora em que abrir o paciente, o médico tenha todo o necessário para garantir o procedimento cirúrgico. Então, a medicina baseada em evidências, a segurança da qualidade do que se está ofertando, o compartilhamento da responsabilidade entre equipe e doente são fundamentais.

Quais seus propósitos que estão adiante?

Profissionalmente, meus propósitos estão relacionados a melhorar as taxas de cura da criança com câncer, diminuir as toxicidades do tratamento, pesquisar novas drogas efetivas para os cânceres refratários da criança, conhecer as causas relacionadas ao câncer e ensinar e divulgar os conhecimentos adquiridos. No lado pessoal, temos a parte mais difícil: melhorar a paciência, a tolerância. Eu tenho em meu escritório uma fotografia dos potes de cerâmica que fotografei em uma igreja na Itália: são os potes que temos que levar para o céu, e vi que não havia o pote nem do euro nem do dólar; vi que existem potes difíceis, por exemplo, o pote do que se recebeu e se deu, que está em italiano (*Empegno dono*): quanto mais você ganha, mais você tem que dar, esse é um princípio.

O pote da paciência... – esse aí eu penso que o meu deve estar furado! [*Risos.*] Acho que é um exercício você reconhecer sua deficiência e pensar como faz para mudar, e na realidade eu acho difícil mudar depois dos 60 anos. No âmbito pessoal, eu gostaria, no que me resta de vida, de fazer uns reparos nessa minha atitude mais intempestiva. Por ter uma maneira sempre objetiva e clara de falar, algumas vezes magoo as pessoas. Espero pedir perdão suficiente, tentar mudar nas coisas que posso mudar: esse é um propósito que busco também, mas não é fácil.

Rápidas

Filme?
Sociedade dos poetas mortos.

Livros?
O imperador de todos os males e *Primavera silenciosa.*

Medo?
Barata! Mas respiro fundo e mato.

Viagem marcante?
Tibete.

Crê em Deus?
Sim! Incondicionalmente!

Família?
Grande fonte de prazer ao coração.

Educação?
Fundamental, não só a do currículo tradicional, escolar. É preciso mais arte, música, filosofia e política.

Frase?
A fé em ação é amor, e amor em ação é trabalho, portanto, o modo de se viver é fruto da fé.

Sofia Esteves

Fundadora e presidente do Grupo DMRH. Graduada em Psicologia, pós-graduada em Gestão de Pessoas, é professora do MBA em Recursos Humanos da FIA, professora convidada de Orientação de Carreiras e Mercado de Trabalho no Insper, em São Paulo, e palestrante convidada da Fundação Dom Cabral. É diretora de jovens profissionais na ABRH/SP.

O que uma pessoa precisa considerar para escolher uma carreira?

Identificar o que a move, o que a faz melhor, o que lhe dá prazer e alegria. São esses os pontos para escolher bem a carreira. Precisa haver paixão, pois ela é que nos faz ter sucesso.

Na dedicatória de seu livro Virando gente grande, *lançado em 2004, a senhora cita seus filhos, dizendo que eles inspiravam naquele momento sua vontade de contribuir de alguma forma para que, na juventude deles, pais, professores e gestores estivessem mais bem preparados para transformar a entrada dos jovens no mercado de trabalho em uma experiência mais equilibrada, justa e humana. Hoje, após dez anos, acredita que houve melhora?*

Acredito que houve progresso de uma maneira geral. As pessoas estão falando mais sobre a questão do propósito, do significado, de encontrar seus sonhos e ideais. Nas escolas, o progresso foi menor do que eu esperava. Creio que, nos últimos dois anos, tenho visto uma ação maior do governo do estado, e até ações específicas de escolas particulares, buscando orientar o aluno a descobrir seus talentos, descobrir como trabalhar as fortalezas das pessoas e não só as fraquezas. Então, acredito que, sim, houve progresso. Creio que está ainda longe do meu ideal, mas acho que estamos no caminho. Vejo que hoje, pelo menos, seja na imprensa, seja nas escolas, seja na própria família, começa a ser feita essa reflexão sobre a importância de sermos coerentes e fazermos coisas como essas. Em 2004, não era assim.

O que a move?

O desejo de ver as pessoas felizes, de maneira geral, realizadas, encontradas e dormindo bem com suas escolhas. Acho que, hoje, no mundo em que vivemos, é muito difícil fazer escolhas, porque há muitas opções e, às vezes, fazer uma escolha pelo seu ideal pode significar não ter condição financeira diferenciada e seguir por um caminho que vai obrigar a deixar coisas para trás. Mas a busca por fazer as pessoas serem felizes, terem uma família feliz, para mim, é o que me move.

Como vê o futuro do mercado de recursos humanos?

Em geral, vejo um mercado aquém daquilo que se espera da área de recursos humanos. É um mercado que agora está começando a sair de 30 anos de trabalhos mais burocráticos e operacionais para, de fato, entender as pessoas e perceber que elas não são gado, que se toca todo junto e pelo mesmo caminho, na mesma manada. Não, as pessoas têm desejos próprios, elas têm necessidades diferentes umas das outras. Hoje, você consegue olhar o ser humano para entender suas potencialidades, suas necessidades e criar espaço para que cada um possa ser o que é e não ter que entrar no mundo corporativo com uma máscara. Acho que, hoje, o ser humano quer ser ele mesmo, quer ser único, onde quer que esteja. Saímos daquela fase "em casa eu sou um, no trabalho sou outro". Ainda há um longo caminho a percorrer, mas creio que agora, pelo menos, temos essa clareza. As grandes empresas têm feito esse movimento, que está ligado à sustentabilidade do planeta e dos negócios. Ainda hoje, se fala bastante da questão do lucro, mas também se fala da importância de ter pessoas engajadas e motivadas naquilo que fazem. Esse é o caminho.

O que é sucesso para a senhora?

Sucesso, para mim, é as pessoas quererem ouvir aquilo que tenho a dizer. Na primeira vez que me fizeram essa pergunta, na cerimônia de um prêmio que recebi, eu disse que não tenho tempo para pensar em sucesso, não me acho uma pessoa de sucesso; eu me considero uma pessoa realizada. Acho que o sucesso é oriundo da realização. Se a pessoa para a todo momento para achar que tem sucesso, está fadada ao fracasso. Para mim, o sucesso é saber que impacto a vida das pessoas e que faço diferença na vida delas, seja das pessoas do mercado, dos candidatos, dos profissionais que treino, desenvolvo e coloco nas empresas, seja da minha equipe ou da minha família, dos meus filhos. Tenho para mim que isso não tem preço, saber que estou dando o melhor de mim para os outros.

Quem foi ou é uma grande inspiração?

Vou cair em alguns lugares-comuns, mas são pessoas da minha geração que me inspiraram muito. O Ayrton Senna, pela determinação e fé que tinha, duas coisas que me marcaram. Ele não esperava pelo outro para fazer, o grande competidor dele era ele mesmo. Ele competia com o Michael Schumacher, com o Alain Prost e com os outros, mas o grande desafio dele era superar a si mesmo. As pessoas dizem: "Olhe a empresa tal", e estou olhando para mim mesma e vendo onde posso me superar, onde posso aprender. Acho que nisso o Senna me influenciou fortemente. Houve também um presidente de empresa, o José de Almeida, já falecido, que me mostrou a integridade. Outro presidente, também já falecido, o Paulo Figueiredo, nos meus primeiros dias de carreira, me disse: "Menina, você é muito nova. Sente aqui, que quero lhe dar um conselho. Eu já estou me aposentando e, vendo você, creio que terá muito sucesso. Tenho que lhe dizer que nunca se afaste das pessoas, porque conforme você vai crescendo, as pessoas vão imaginando uma nuvem em volta de você e isso a afasta delas, por isso o poder é muito solitário". Foi uma coisa que me marcou muito. Ex-chefes, como Ricardo de Almeida Xavier, Wilson Pecker, pessoas que trabalhavam por um objetivo maior, querendo acertar, foram muito inspiradores. E meus pais, que foram sempre trabalhadores e nunca mediram esforços, nunca mediram o cansaço ou o que precisavam fazer. Eram pessoas muito pobres, imigrantes da Itália e de Portugal, e sempre trabalharam de sol a sol para educar os filhos e dar bons exemplos de ética, de honestidade, caráter. Essa, para mim, foi uma grande experiência. Meus pais sempre me diziam: "Faça por merecer".

Qual foi o momento mais difícil na sua carreira?

Talvez tenha sido quando descobri que nem todo mundo tem os seus objetivos, seus desejos. Isso, para mim, sempre foi muito frustrante. Em termos de mercado, já passamos por algumas crises, mas o fato de garimpar – pois é um trabalho de garimpo mesmo –, de achar pessoas que tenham a mesma determinação, que tenham um sonho bonito e não sejam egoístas, isso talvez tenha sido a coisa mais difícil. Durante alguns anos, também tive o que posso chamar de crise, justamente na área de recursos humanos, que tinha muita burocracia, sem de fato se importar com as pessoas. Aquilo me fazia sofrer muito; hoje, estou mais feliz, pois isso está melhorando.

Como superou esse momento?

Primeiro, pessoas boas apareceram em meu caminho e foram renovando minha esperança de que, sim, as coisas podem acontecer e, sim, há pessoas com propósitos e caráter muito positivo. Uma pessoa especial, quando eu estava deprimida, não acreditando mais na área, falou: "Bom, se os otimistas saírem, quem vai fazer a transformação?". Isso me mobilizou muito e vi que podemos levar nossa mobilização e fazer a diferença. Isso me fez sair da reclamação e parar de olhar os pontos negativos e dizer: "Não. Vamos pegar o limão e fazer uma limonada. Vamos transformar, vamos mudar essa realidade".

Qual dica daria aos que alimentam um sonho, um propósito de vida?

Conheça-se muito. O autoconhecimento é a base de tudo. Se você não se conhece, é muito difícil sustentar seu sonho. Você tem que ouvir muito sua percepção, seu sentimento, aquela coisa que você não sabe explicar, mas sente que tem que fazer. Acredite quando você sente isso, acredite e corra atrás, mesmo que outras pessoas pelo caminho digam que é loucura e que não deve fazer. Vá atrás, que você vai ter sucesso, vai conquistar o que está almejando. Você só consegue ouvir sua voz interior quando se conhece, quando, de fato, sabe o que o move, o que lhe dá paixão. Mas acredito que o autoconhecimento está relacionado com saber ouvir as pessoas. Já pedi muito conselho, ouvi os mais velhos, ouvi professores. Assim, eu tentava, pela experiência do outro, encontrar a minha verdade e a minha experiência. Nunca dispensei a opinião do outro; sempre fui buscar o que aquela opinião poderia acrescentar, como poderia ser um trampolim para que eu pudesse chegar aonde quisesse.

Qual foi o fator determinante para iniciar a DMRH?

A DMRH foi uma oportunidade. Nunca imaginei ser empresária. Nunca imaginei ter uma empresa, um negócio, mas surgiu um convite de um diretor de RH que tinha me conhecido e achou que eu pensava em recursos humanos de um modo diferente e podia fazer um trabalho legal. Ele me abriu essa oportunidade, me fez um convite e eu disse, no primeiro momento, que só tinha dois anos de experiência, sem conhecimento suficiente para isso. Ele respondeu: "Menina, siga em frente, que você vai longe". Agarrei essa oportunidade para fazer um trabalho para ele, específico. Abri a primeira pessoa jurídica para atender a um projeto dessa empresa, para esse profissional, o Cláudio Macedo. No final, um foi indicando para outro e, quando vi, o negócio estava formado, a empresa crescendo, mas esse nunca foi meu sonho. Meu sonho era ter uma família, ter uma profissão legal, na qual eu me realizasse, mas era muito mais voltado para ter um orfanato e ter uma família. Fui fazer psicologia para trabalhar com crianças, trabalhar em escola, para me preparar para o orfanato, que pretendia criar quando eu tivesse 50 anos. No final, fui para a área de recursos humanos e me apaixonei. Fui trabalhar com jovens. Na verdade, sou alucinada por esse tema. Adoro pesquisar e estudar sobre isso. Quando chegou a hora de colocar o orfanato no ar, descobri que já não existiam orfanatos no Brasil e todo o meu trabalho social, hoje, é voltado para o jovem de baixa renda, que não deixa de ser um órfão do mercado de trabalho. Então, acho que surgimento da DMRH e o surgimento da Cia. de Talentos foram oportunidades que apareceram e que agarrei, e lutei por elas, fiz por merecer.

Qual o maior erro dos jovens nos processos que você conduz na Cia. de Talentos?

Hoje, o maior equívoco dos jovens quando vão entrar no mercado de trabalho é, de novo, não ter consciência de quem são, do que querem. Atiram para todos os lados, vão muito pelo modismo, pelo que os amigos têm interesse. Olham pouco para si mesmos e para seus interesses. Então, escolhem uma área, desde a faculdade, pensando que, se não gostam de matemática, não vão fazer exatas. Têm pouco autoconhecimento e vão na leva do que todo mundo quer. Muitos processos, eles tratam com displicência. Vão ao processo seletivo e não sabem nem o que a empresa faz, não conhecem os valores e a cultura da empresa, não se informam para saber o que a empresa tem a oferecer a eles, qual é o ambiente. Então, essa falta de preparo, de correr atrás de informação e tentar, de verdade, entender se aquela empresa tem a ver com os valores e os objetivos deles, isso faz com que entrem e saiam de várias empresas e nunca se encontrem. Têm um ideal de felicidade, um desejo de felicidade, mas como não sabem o que é felicidade para eles, ficam no vazio, procurando, perdidos, sem saber qual é esse objetivo.

Rápidas

Livro favorito?
Sonho grande é muito inspirador e *O pequeno príncipe* foi muito importante na minha infância e adolescência. A frase "Tu serás responsável por aquilo que cativas" é um marco na minha vida, coloquei na porta do quarto do meu filho. Acredito muito nisso, depende de você. *Você é do tamanho dos seus sonhos*. Livros que falam sobre buscar o que só depende de você.

Filme?
Uma linda mulher, *Quem quer ser um milionário?*, *A lista de Schindler* e *A vida é bela*.

Uma frase?
"Seja a mudança que você deseja ver no mundo", de Mahatma Gandhi.

Hobby?
Viajar. Adoro conhecer outras culturas, outras realidades. A questão cultural mesmo. Gosto muito de observar e estudar os jovens, o que para mim também é um *hobby* e não um trabalho.

Crê em Deus?
Muito. Tenho uma fé inabalável. Sou católica e kardecista também. Não estou muito preocupada com o modo como chamam Deus, se é Alá, Javé, Jeová. Para mim, Deus é uma força do bem e que quer ver o bem das pessoas, traz a mensagem de que é possível, abre possibilidades. Minha fé é inabalável. Em todos os momentos difíceis de minha vida, e não foram poucos, a fé nunca me faltou. Sabia que, se estava passando por aquele momento, era para ter um aprendizado. Sempre tentei tirar o melhor aprendizado de qualquer adversidade, o que poderia fazer para ser uma pessoa melhor. Então, minha fé é inabalável. Não tenho preconceito em relação a nenhuma religião. Tenho preconceito em relação a pessoas que dizem que não têm fé, que não acreditam em nada. Não importa o nome do deus, importa que seja algo que o leve para o bem. É isso o que importa para mim.

Medo?
Tenho medo de decepcionar as pessoas. Tenho medo de não deixar meu legado, de não deixar uma marca nas pessoas. Não tenho medo de morrer. Tenho medo de não poder acompanhar meus filhos até o momento em que já estejam caminhando sozinhos. Tenho 52 anos e um filho de 12 para criar, então, tenho medo disso, mas não da morte pela morte. Mas o medo principal é o de não deixar algo positivo para a humanidade.

Família?
A essência da minha vida. Eu não seria nada sem minha família, pai, mãe, irmão, marido, filhos. Sou muito ligada a minha família, e não acredito no sucesso de pessoas que conquistam êxito profissional e abandonam suas famílias. Não acredito que essas pessoas sejam felizes. O equilíbrio entre a carreira e a vida pessoal, para mim, é o sucesso; não é dinheiro, é saber que se está cuidando bem das duas coisas. Se um dos pontos me falta, principalmente a família, eu não sou nada.

Educação?
É para sempre. O tempo inteiro, você está aprendendo; o tempo inteiro, você está ensinando. É o seu papel na vida ser aluno e professor o tempo todo. Alguém que ache que já sabe tudo, que não tem mais nada para aprender, de novo, está fadado a morrer uma morte em vida. As pessoas aqui no escritório brincam, dizendo que, quando acham que atingiram um objetivo, eu mudo a praia de lugar, ela fica mais longe, a ilha se distancia mais. Porque quando você está fazendo muito bem alguma coisa, está na hora de dar outro passo, ir para outro objetivo. E não se faz isso sem educação.

Uma viagem marcante?
Dubai me marcou muito, pelo tamanho, por ser uma cidade construída. Achei que não ia gostar, por ser artificial, vamos dizer assim, mas estão fazendo uma coisa tão bonita. E tem senso de pertencimento. A maior parte das pessoas que estão lá não nasceu lá. Dubai é uma cidade jovem, com pessoas amáveis, que sabem por que estão lá, todas juntas, na causa de transformar aquilo em um lugar ideal. Também a Europa, que é um poço de

educação, cultura, arte, história. Gosto bastante de Portugal e da Itália, até pelas minhas raízes. São lugares de que gosto muito.

Brasil?
Brasil: um país lindo, com tudo para dar certo, com um povo que gostaria de dar certo, mas que patina muito. Estou falando de tudo, do povo em si, do governo. Quem escolhe o governo é o povo, quem não luta por um objetivo mais leal também é o povo. Tenho uma esperança muito grande nesse Brasil e fico muito triste em saber que a gente poderia estar ocupando outro *status* no cenário mundial e trazendo mais homogeneidade, mais equilíbrio para os níveis e as classes sociais, para que o outro pudesse ter mais dignidade na vida.

Washington Olivetto

Publicitário responsável por algumas das campanhas mais marcantes e importantes da propaganda nacional. Presidente e diretor de criação da WMcCann, uma gigante da publicidade mundial, além de corintiano apaixonado.

O senhor sempre alimentou o sonho de ser publicitário ou tinha outro propósito? Como foi esse ingresso na publicidade?

Eu queria escrever para todas as mídias, coisa que me fascinava desde criança. E queria trabalhar com vendas, porque tinha uma grande admiração pelo trabalho do meu pai, que era um excelente vendedor. Consegui racionalizar que a criação publicitária era a atividade na qual eu poderia somar as duas coisas: escrever vendendo e vender escrevendo.

O que o move?

Tem muita gente no mundo com muito mais reconhecimento, fama e dinheiro do que eu e que continua apaixonada pelo que faz. Paixão nunca é demais.

Como o senhor vê essa busca por fama a todo custo, muitas vezes, como única opção dos jovens?

A fama instantânea costuma desaparecer quase tão rápido quanto surge. Não é uma boa opção para nenhum jovem. A leitura (de todo o tipo) é uma boa vacina contra o vírus da fama instantânea.

O que é sucesso para o senhor? Sei que o senhor diz que prestígio é melhor que sucesso.

Fazer sucesso por um, dois, cinco anos não é tão complicado. Difícil é se manter o tempo inteiro com uma média alta e com credibilidade, e isso é prestígio. O sucesso, hoje, está cada vez mais efêmero, particularmente em um quadro social como o nosso, em que é possível dividir as pessoas mais populares em celebridades (pela mídia) e *cerebridades* (pelo cérebro). Acredito, cada vez mais, na ideia do prestígio, porque ele surge do esforço, do trabalho, do bom senso.

Quem foi ou é uma grande inspiração para o senhor?

Aprendi muito com o Francesc Petit, que era dono da DPZ, quando eu era diretor de criação. Sem dúvida, ele foi uma das pessoas que me ajudaram a treinar o olhar de maneira muito acentuada. É importante treinar o olhar e criar critérios estéticos.

Qual foi o momento mais difícil em sua carreira e como o superou?

O momento mais difícil da minha carreira foi quando decidi deixar a DPZ e abrir minha própria agência, a W/GGK, que virou a W/Brasil e, hoje, é a WMcCann. Foi difícil, porque eu era tão bem-sucedido, tão bem-tratado e gostava tanto da DPZ, que, apesar de ter a nítida consciência de que estava na hora de abrir meu próprio negócio, essa possibilidade me angustiava e me tensionava. Essas angústias e tensões passaram logo depois que abri minha agência, porque ela foi rapidamente muito bem-sucedida e percebi que a existência de mais uma boa agência no mercado, além da DPZ, era uma coisa boa para toda a publicidade brasileira.

Qual dica o senhor daria aos que alimentam um sonho?

Que sejam obsessivos. Trabalhem obsessivamente pelos seus sonhos.

Qual o ponto principal na avaliação de uma sociedade ou de associação corporativa?

A identificação pessoal é tão importante quanto a identificação profissional. Jamais faça negócios com pessoas de quem você não goste e a quem não admire.

Rápidas

Livro?
O apanhador no campo de centeio, de J.D. Salinger.

Filme?
Nós que nos amávamos tanto, de Ettore Scola.

Uma frase?
Faça tudo para ser levado a sério, mas jamais se leve a sério.

Hobby?
Ler três livros ao mesmo tempo.

Crê em Deus?
Juro por Deus que acredito quase sempre, e tenho dúvidas de vez em quando.

Medo?
Tenho medo de ter medo.

Família?
Minha primeira escolha, sempre.

Educação?
A solução para todos os problemas do Brasil.

Uma viagem marcante?
Sul da França, Portofino, Nova York e Rio de Janeiro.

Mensagem final aos leitores?
Espero que todos vocês vivam mais de cem anos e que o último anúncio que leiam na vida seja um que eu tenha acabado de escrever.

Especificações técnicas

Fonte: ITC Giovanni 11 p
Entrelinha: 17 p
Papel (miolo): Offset 75 g
Papel (capa): Cartão 250 g
Impressão e acabamento: Paym